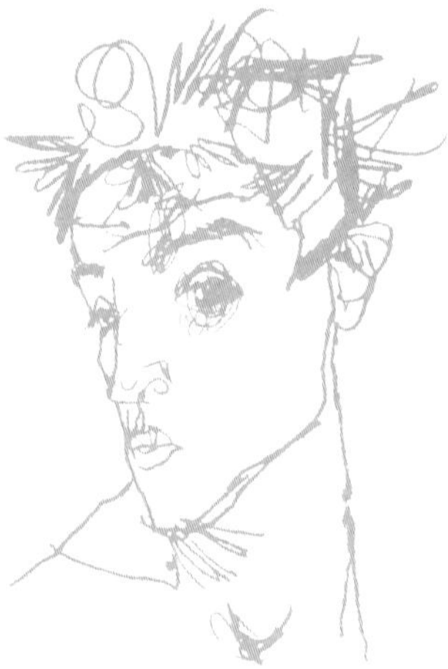

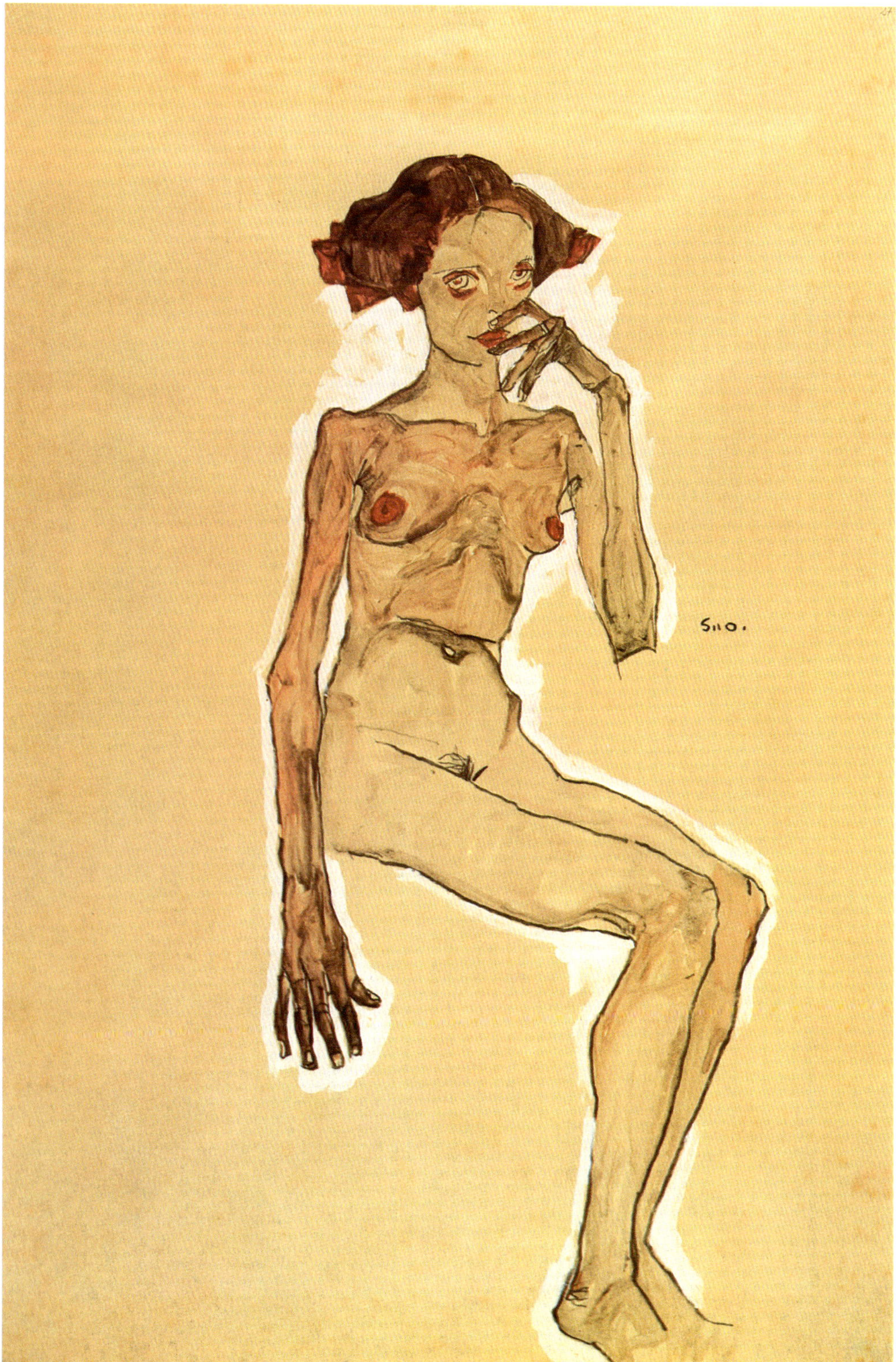

ラインハルト・シュタイナー
Reinhard Steiner

エゴン・シーレ
EGON SCHIELE
1890–1918

TASCHEN
KÖLN LONDON MADRID NEW YORK PARIS TOKYO

表紙：
左足を高くあげた座る女（部分）、1917年
Sltzende Frau mit hochgezogenem linken Bein
グァッシュ、黒チョーク、46 x 30.5 cm
Praha, Národní Galerie

図版1ページ：
自画像、1913年
Selbstbildnis
鉛筆、44.8 x 31.3 cm
Stockholm, Nationalmuseum

扉：
座る少女の裸体、1910年
Sitzender Mädchenakt
グァッシュ、水彩、鉛筆、白のハイライト、55.8 x 37.2 cm
Wien, Graphische Sammlung Albertina

裏表紙：
アントン・ヨーゼフ・トルチカ
エゴン・シーレ（手を絡み合わせて）1914年

ニューベーシック・シリーズ
エゴン・シーレ
発　行　2001年5月31日　第一刷発行
　　　　2002年10月31日　第二刷発行
著　者　ラインハルト・シュタイナー
定　価　（本体価格 1,000円＋税）
　　　　ISBN 4-88783-031-9
発行元　タッシェン・ジャパン㈱
　　　　東京都港区南青山5-11-23 アトリエアークビル
　　　　電話 03-5778-3000
発売元　洋販（日本洋書販売配給株式会社）
　　　　〒171-0014　東京都豊島区池袋4-32-8
　　　　　　　　　　サンポウ池袋ビル3階
　　　　電話03-3984-0096（営業部）

Hohenzollernring 53, D–50672 Köln
www.taschen.com
Japanese translation by Mitsuyo Nakamura
and Itoko Ishihara, Tokyo
Cover design: Catinka Keul, Angelika Taschen, Cologne
Typesetting: KR INC

Printed in Germany
ISBN 4–88783–031–9

目　次

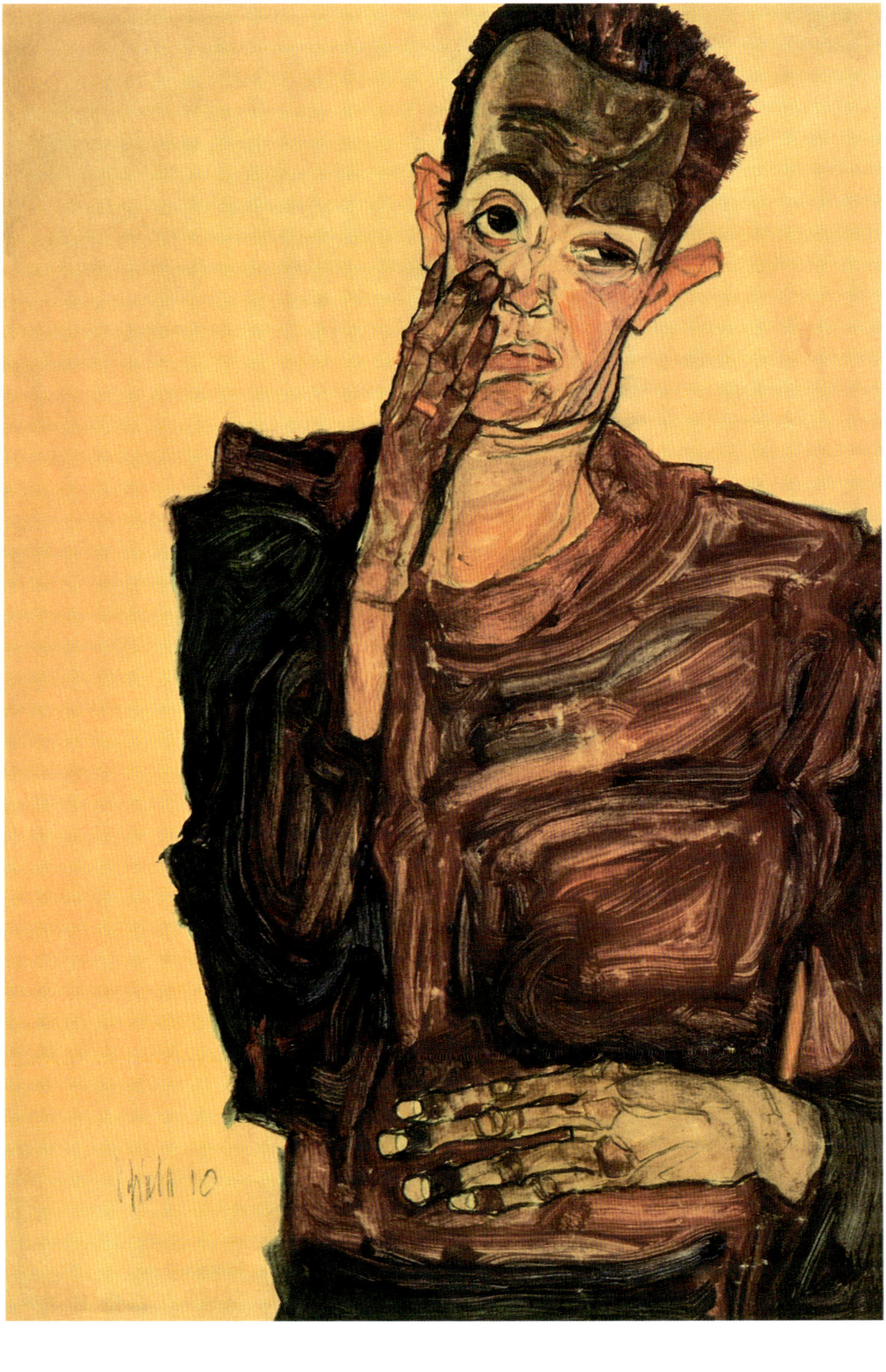

芸術家の自己

「デカダンス」や「世紀末」など、時代によって社会の理想像や願望あるいは目的を凝縮して表現する決まり文句があるように、画家の作品にも創作の源泉や画家の性格を最も純粋に表す基本的なイメージがある。画家の想像力が長い間にわたって何度も同じモチーフに左右され、作品にもそのモチーフが深く刻み込まれるという事実には、意識的であろうと無意識的であろうとそれなりの理由がある。このようなモチーフが、画家が描いた様々なテーマの作品においても必ず意味の中心をなしていることが見て取れる。このように考えることは、エゴン・シーレの場合のように前面に大きく現れる自画像でも正しいといえる。およそ100枚という膨大な数の自画像を見ると、エゴン・シーレはあらゆる画家の中でも自分自身を最も鋭く観察した画家であることがわかる。またナルシスト的な傾向を持つ人間ではなかったかと想像できる。確かにシーレは自分自身を病的なまでに観察した画家であったが、それだけでなく自分のポーズを造形的に作って「自分自身を表現した」画家でもあった。自分自身とのこうした芸術的な関わりの背後には、長い間尊重されて来た伝統がある。シーレの自画像について言及する前に、まず伝統を手短かに振り返って見るのは意義のあることであり、知らずに物や人を傷つける恐れのあるディレッタンティズムに陥らずに済む。

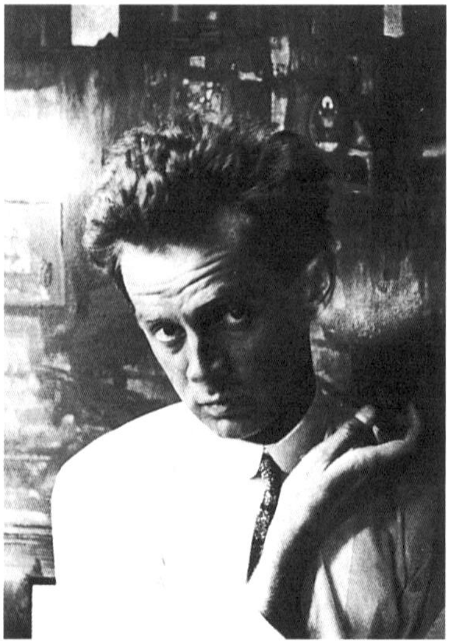

アトリエのエゴン・シーレ、1915年

自分を描写するのに必要なものは鏡である。有名な自画像画家であるアルブレヒト・デューラーやレンブラントも盛んに鏡を使って自画像を描き、自伝的な生涯の記録として残した。またデューラーの場合は、新時代の芸術運動を開始する象徴的な手段としても鏡を利用した。つまり自己同一性を発見する手段として鏡を使ったのである。鏡によって自分自身を知ることができ、ルネッサンスで芽生えて来た芸術家の自己意識をはっきり自覚することができた。デューラーは1484年すでに13才のときに銀筆で自画像を描いており、後に「鏡の像を模写した...」という言葉を添えている。また1492年にはメランコリーな自分の姿をペン画に描いた。1493年から1498年にかけての何枚かの自画像には、上品な服装や身のこなし方をした若い男が描かれているが、この男は自分の重要性を自覚しているように見える。1500年ごろデューラーは有名な自画像を描いたが、この自画像には聖職者を正面から見た姿が描かれ、また構図がキリスト磔刑像と似ているため、現代人には神を冒瀆しているように見える。しかし、デューラーは肉体を寓意的に理想化したり表面的に修正したりすることはせず、ただ性的な存在としてあからさまに表現したのであり、これはますます高まる人格同一性や個人の意識をはっきり示している。レンブラントやフェルディナント・ホドラーあるいはフィンセント・ファン・

頬に手をあてる自画像、1910年
Selbstbildnis mit Hand an der Wange
グアッシュ、水彩、木炭、44.3×30.5cm
Wien, Graphische Sammlung Albertina

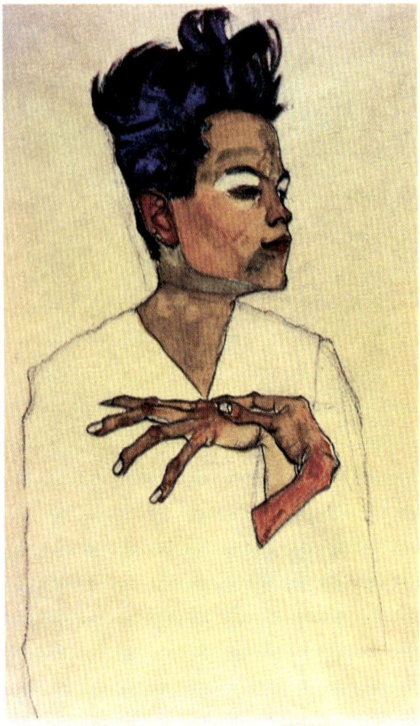

手を胸の前に置く自画像、1910年
Selbstbildnis mit Händen vor der Brust
グァッシュ、水彩、木炭、44.8×31cm
Private collection

ゴッホでも同様だが、デューラーが自分の姿をどのようなポーズであるいはどのような表情で描こうとも、いつでもデューラーをデューラーとして認めることができる。なぜなら、デューラーは自分の同一性を強く保持しているからである。デューラーはキリストであれ道化師であれ、あるいは英雄であれ病人であれ他者の役割を通して自己を表現するという前例のない実験的方法で自画像を描いた。それにもかかわらず個性すなわち自己の分割は行なわれていない。たとえ他者の役割が自己喪失の一歩手前まで行っていても、自己は軋轢を起こすほどには分裂していない。

シーレの場合には、自画像の持つ描写的可能性と比喩的可能性が発展の究極点にまで達しており、自分自身が分裂可能なものとして体験されている。1905年から1907年までの初期の作品を除くシーレの自画像は、自伝的記録や自己英雄視というジャンルには収まり切らない。シーレのポーズは非常に奇妙で、身振りはたいへん情動的であり、人格の統一性が破壊されていると言ってよい。現実の自我と、疎外された自画像の自己との間には一種の緊張感が生じているが、この緊張感は、自己同一性が理由ではなく、人格喪失感からのものである。シーレの自画像を見ていると、オスカー・ワイルドの『ドリアン・グレイの肖像』(1890年)を思い出す。この小説では、描かれた自己は年老いて醜くなっていくが、真の自己の美しさは全く不変である。この小説が普通でない印象を与えるのは、モデルと肖像の通常の関係が逆になっているからである。肖像は魂を映す真の鏡となり、生きているモデルが外に表さない特徴を示す。シーレの同時代人も、シーレの自画像を見たときに似たようなことを感じていたらしい。たとえば、フリードリヒ・シュテルンは1912年11月11日付けの評論で次のように書いている、「シーレはまた自画像を描いたが、この絵の理解を困難にしているのは、腐敗があまりにもひどく進んでいるためである。シーレは自分の若い顔を腐敗の中に表現しなければならないと思ったのである。これはたいへん悲しい...」シーレは同一性を確立するために鏡像を利用したのではなく、異なる自己を探すために鏡を利用してそれを絵に描いたのである。

ジャック・ラカンは鏡期という概念さえ使用している子供のアイデンティティの発達やナルシシズム形成に果たす鏡の役割を述べずに、鏡像と美術との関係ならびに神話のナルキッソスが美術において英雄の原型となった経緯を解説したいと思った。近代の芸術理論を確立した著作の一つである『絵画論』(Trattato della Pittura, 1435/36年)の中で著者のレオン・バティスタ・アルベルティは、絵画は真に神的な力を宿している芸術であると称賛している。アルベルティによれば、絵画は事物を模倣または模写するが、事物を実際より高貴で価値の高いものにする。また、絵画はすべての芸術を導く教師であり、事物が持つあらゆる美の根源は絵画にある。

さらにアルベルティは次のように言っている。「私は詩人の言葉を拠り所にして友人にいつもこう言っていた、水仙の花になったナルキッソスこそ絵画の本当の発明者であると。なぜなら、絵画があらゆる芸術の精華であるように、ナルキッソスの物語も他の面から見れば芸術の精華だからである。というのは絵画は、水面の鏡から見返していた似姿と同じような似姿を芸術的に捉えようとする行為とは異なるものだからである。」

言うまでもなくアルベルティ以後、芸術の基準は根本的に変わって来ており、特に模倣という問題に関してそう言える。アルベルティが絵画の原型が鏡像にあることを突き止め、芸術を芸術家の自画像として理解する可能性を開いたという事実は今日でも注目に値し、現代の芸術を見る場合も参考になる。こうして、自己体験を可能にする鏡の力を絵画に転用することができるが、この転用は実際に行われたのである。これはオスカー・ワイルドの『ドリアン・グレイの肖像』に見られるだけではない。アンドレ・ジイドが1891年に書いた象徴主義的な作品『ナルキッソス概説』(Traité du Narcisse)はもっと顕著にこの事実を示している。ジイドはこの作品で、ナルキッソス神話を比喩として用いて詩人の実存を描いている。エルンスト・ローベルト・クルティウスは、これらの作品には典型的な近代人が描かれていると解釈している。クルティウスによれば、典型的な近代人は「芸術の鏡の上に身を屈めて自分自身を認識し」、「鏡に映った事物だけしか捉えず(中略)自分が常に傍観者であること」を知っている。このような態度は、世紀末や文学的なデカダンスの意識状態に相応するものである。フーゴー・フォン・ホフマンスタールが言うように、この意識状態は自己の二重性を住みかとし、人生をただ眺めるだけだ。ポール・ヴァレリーの『ナルキッソス断章』(Narcisse parle)に文学的に描かれたナルキッソスの肖像も、まさに世紀の変わり目のライトモチーフとなった。しかしこのことは、エゴン・シーレとその自画像の場合には部分的にしかあてはまらない。

1905年から1907年までの初期の自画像には、尊敬していた父の死で被った損失を、自分自身を露出症的に大きく表現して補おうという強い衝動が著しく現れている。父親はシーレの習作的な絵をほめていた。シーレ自身による「鏡の自画像06」という書込みはその事実を暗示する重要な証しである。わずか16才でウィーンのアカデミーに迎え入れられたことは、シーレの芸術的自尊心を大いに満足させたに違いない。シーレは自信に満ちてパレットを手にし、ダンディーな身なりを人に見せつけた。「クリムト期」以降つまり1910年以後は、シーレの自画像には次第に緊張感が強く現れるようになった。1910年から1913年ごろまでの作品は、表現が過剰なためすぐに自画像と見分けるのが困難なものが多い。これらの作品では、表情や外見がどれほど異なっても常に変わることのないはずの個人の特徴が否定されている。そこでは鏡は像をゆがめて映し出し、鏡像は第二の自我すなわち疎外されたもう一つの自我となる。この時期にシーレは束縛された個性から逃れようと絶えず努力しているが、この時期の主な特徴は、苦行者のように痩せた身体、名人芸とも言える身のくねらせ方、すぐには理解できないような情動に支配された奇抜なほど陰うつな表情、電気で逆立てたようなごわごわした髪の毛などである(p.11)。鏡の前のポーズには独特の疎外感が次第に強く現れるようになったが、この疎外感は素描や絵画においては、リアリズムの観点から見れば自然の原像や模写に現れ出る形態と一致するものである。

しかしこの形態は古代の純粋さを表すものではなく、近代人の自己分裂を表現している。このような自己演出は、フリードリヒ・ニーチェが指摘した危険に陥る恐れがある。ニーチェは1888年に近代の芸術家に対して次のような箴言を書いている。「生理的にヒステリーに最も近い状態にある現代の芸術家はその性格にもヒステリー症状が現れている。(中略)あらゆる体験を危機的なものに作り変え、

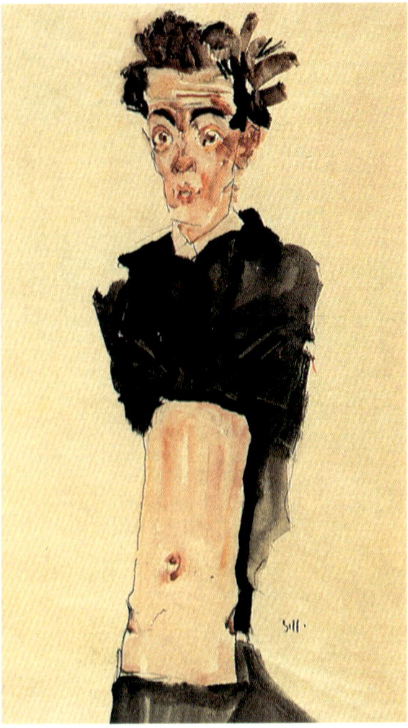

腹をむき出しにした自画像、1911年
Selbstbildnis mit entblößtem Bauch
水彩、鉛筆、55.2×36.4cm
Wien, Graphische Sammlung Albertina

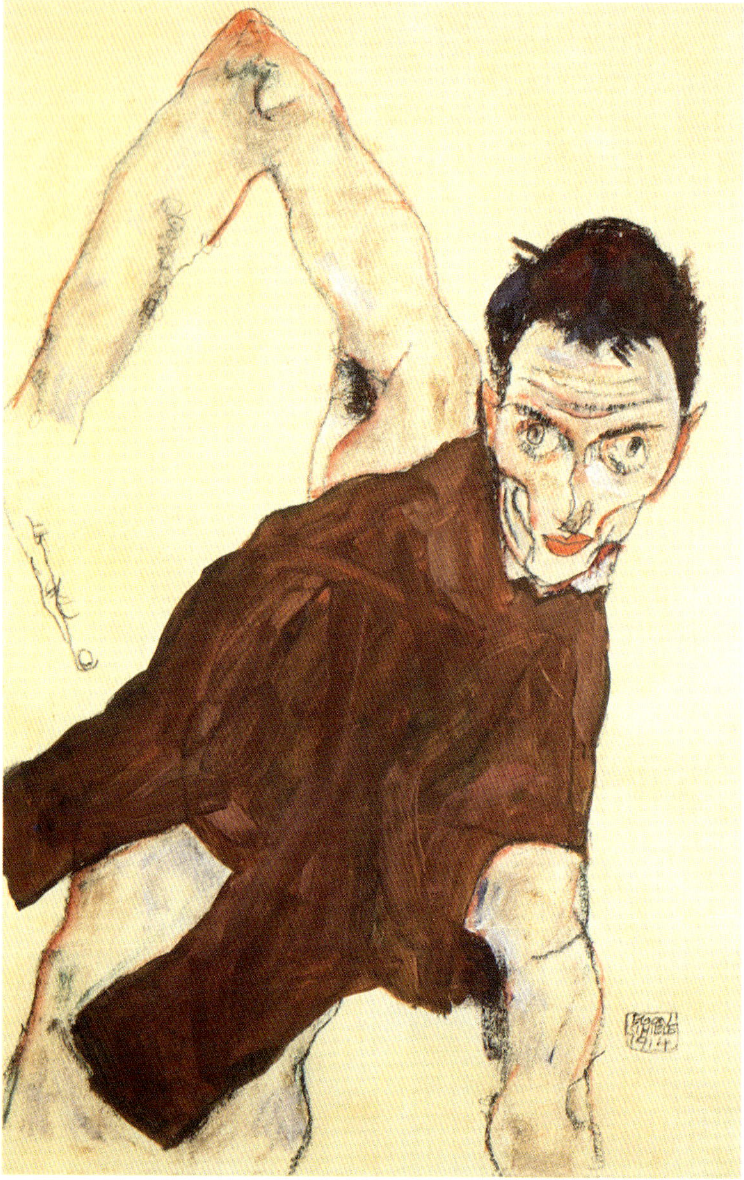

右ひじをあげた自画像、1914年
Selbstbildnis mit erhobenem rechten Ellbogen
グァッシュ、水彩、黒チョーク、47.6×31.1cm
Private collection

『劇的なもの』を日常に持ち込もうとする不合理な体質的過敏さのために、芸術家の行動はまったく予測できない。芸術家はもはや一つの人格ではなく、いくつかの人格の寄せ集めに過ぎず、絶えず姿を変えては自信に満ちた厚かましい顔で現れる。だからこそ芸術家は偉大な役者なのである。医学の研究対象となっている意志を持たない哀れな芸術家は、演技や変身の才能、あるいは求められればどんな性格にでもなれる才能に自ら驚いている。」

ウィーンやミュンヘンあるいはベルリンに広まっていたニーチェの思想や著作にシーレが接していたことは疑う余地がない。ただ、純粋に視覚的で感覚的な人間

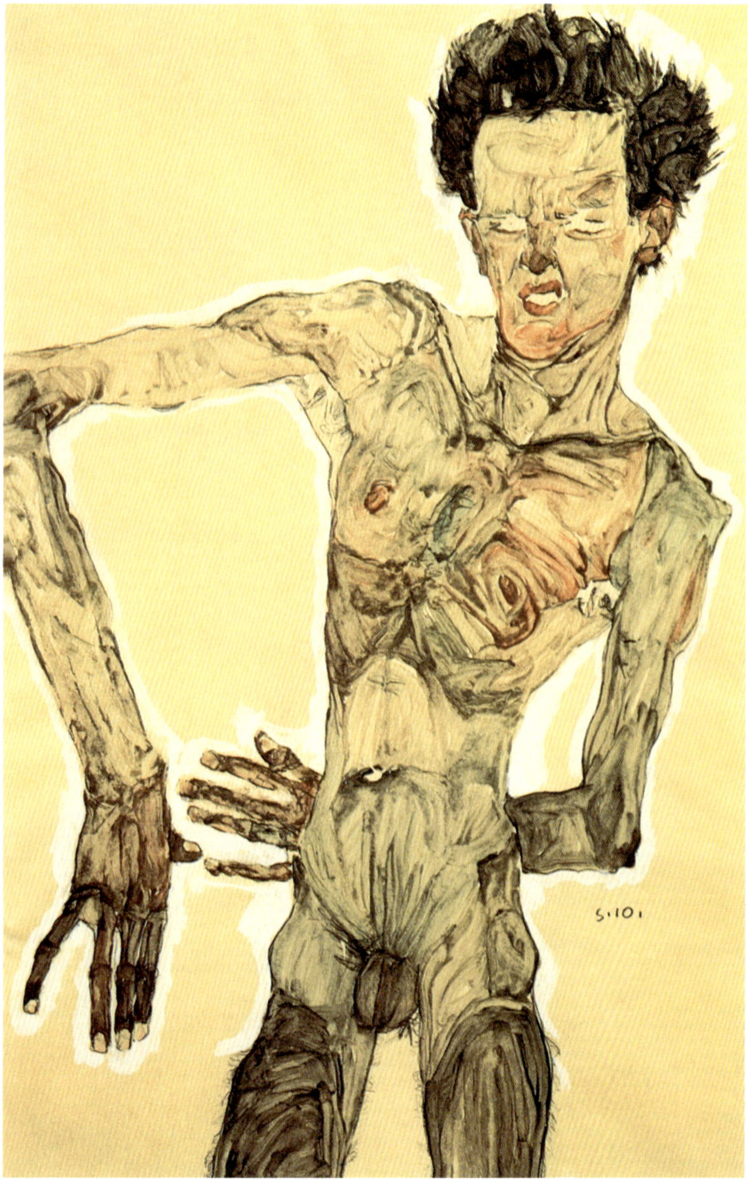

裸体の自画像、1910年
Aktselbstbildnis
グァッシュ、水彩、鉛筆、白のハイライト、55.8×36.9cm
Wien, Graphische Sammlung Albertina

であるシーレがニーチェの著作を自ら読んだり研究したりしたとは考えられないが、そんなことは重要ではない。シーレの絵画や詩の多くがニーチェの直接的影響を受けているのはもちろん、ニーチェの思想と近いことは明白な事実なのである。たとえば、『ツァラトゥストラはかく語りき』のある章でニーチェが書いた次のような肉体に関する思想と非常に近い。「我が兄弟よ、汝の思考と感情の背後には強大な主人が、未知の賢人が立っている。それは自己と呼ばれるものである。自己は汝の肉体を住処とし、汝の肉体こそ自己なのである。」1910年以降シーレの自画像の中心テーマは次第に裸体になっていった(p.13)。シーレは裸体の自画像

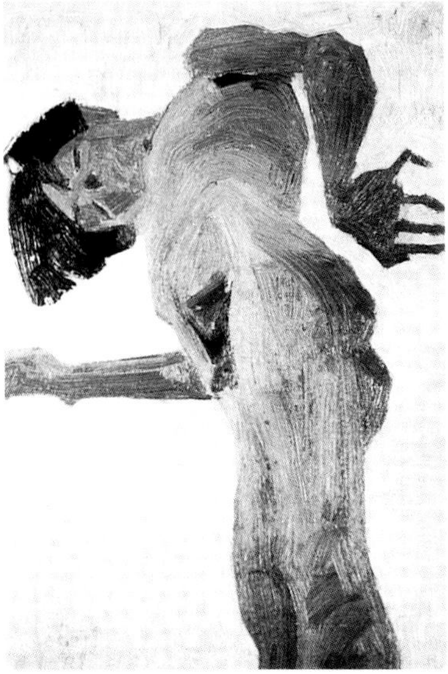

裸体習作、1908年
Aktstudie
油彩、厚紙、24.4×18cm
Private collection

を描くことで、グスタフ・クリムト(p.22)や〈ウィーン分離派〉(Sezession)に見られる、肉体を装飾的に覆う様式に意識的に対抗した。シーレの場合には裸体は最も徹底した自己表現様式であるが、それは肉体が露出されるからではなく、自己が完全に把握されるからである。

肉体的自己の露出や孤立化は、空間的要素の描写を徹底的に拒んでいるためより顕著になっている。シーレは平面をモノクロにすることで「背景」を中性化しているが、このモノクロの背景のために肉体は不安定となり、また肉体の動きは神経質で発作的になっている。不規則で角張った身体の輪郭は、中性化した背景との対比で一層際立っている。そのため鏡像には不自然な疎外感が生じ肉体には表情が現れている。シーレの裸体自画像が、リヒャルト・ゲルストルの異様で挑発的な自画像と異なるのもそうした理由による。ゲルストルは裸体自画像ではシーレの先駆者と言ってよく、ウィーンには他に先駆者はいない。

身体の一部が省略されたトルソーの裸体自画像(p.9)では、自己表現が外部的な形態や表面的なものとはあまり関係がないことがよくわかる。また彩色も、肉体の自然な描写というにはほど遠い。人目を引くハイライトやぞんざいで幅の広い筆づかい、あるいは身体の周囲を縁取るのによく使われる白くて太いアウトラインは、外部にほとばしる生のエネルギーを表している。こうした画法を見ていると、1911年11月にシーレがオスカー・ライヒェルに宛てた手紙が思い出される。その手紙でシーレは、不器用でやや曖昧な独特の文体で次のように書いている。「もし私が自分をすべて見ようとするなら、自身を見つめなければなりません。何を欲しているのか、何が単に私の中で起こるかのみだけでなく、どのくらい遠くまで見渡せる能力があるのかどうかも知らなければなりません。どのような手段が私のものであるか、どのような謎に満ちた実体から私は成り立っているのか、私が知っているもの、私が自分自身について今まで認識してきたもの、そのうちさらにどれだけ多くからか知る必要があるのです。一私は自分が希薄になっていくのが見えます。そして段々強く息をしていきます。私の恒星の光の振動が速くなり、より直接的で、より単純になり、世界認識と似たものになります。私は常により多いものを、さらに遥かなるものを、永遠に私から現れでるものを、差し出します。すべてである愛が、私にこのような方法で力を与えてくれる限り、何処へかと本能的に引かれていくところへ導いてくれる限り。そして、私が自分に逆らっても観察した何かが改めて新しいものをもたらすために、私の中に強引に入ってこようとしているのです。」

1910年以降のシーレの自画像を、こうした文章を念頭において考察してみると、自画像を精神の絵画的な現実化として解釈していたと推量することもできる。白い輪郭線の縁取りは「恒星の光」が意味する、そしてルドルフ・シュタイナーの考えや、その頃普及していた神知学の傾向に結び付けるアウラのように読み取れる。どう見てもシーレはそれらの考えを無批判に受け継いで、自己操作の世界にニーチェの考えのように浸透させていたようだ。芸術家として、エネルギーの放射を誓約するやり方で、時おり救世主の語調をのぞかせてこう声明している。「私の存在、私の朽ち果てた存在は残存する様々な価値に置き換えられて、他の強い、より熟練された存在の上へ、それらを越えて私の力をもたらさなければなりません。遅かれ早かれ、信じるに足りる宗教のように。一番遠くに離れている人達ですら私を見つめ、より遠くに離れている人々は私を観照します。私を否定する人々

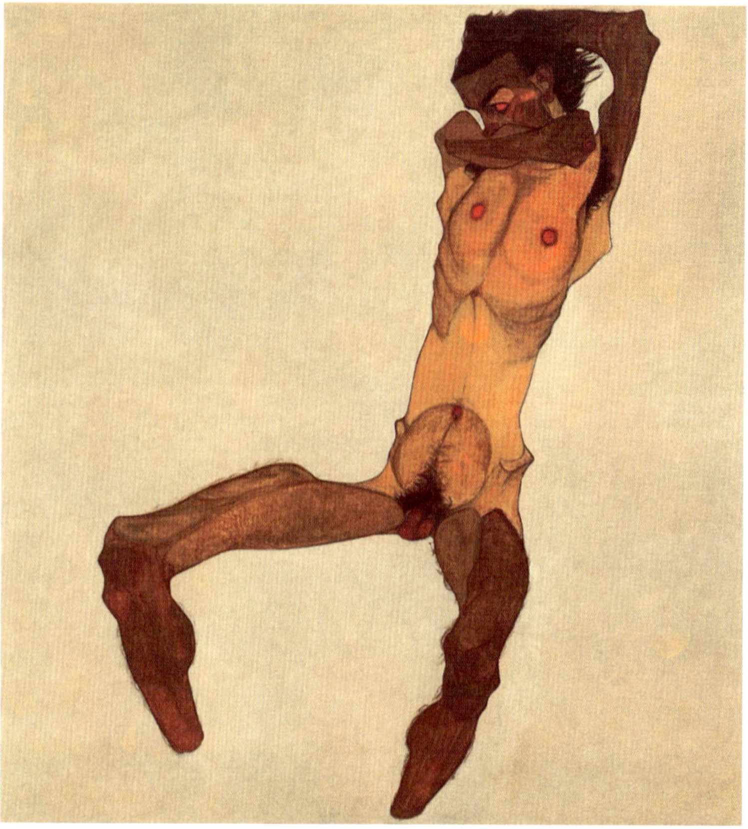

座る男の裸体、1910年
Sitzender männlicher Akt
油彩、グァッシュ、152.5×150cm
Private collection

は私の催眠術で生きるでしょう!自分を次々に与えなければならないほど、私は豊かなのです。」

もちろん、裸体の自画像に関する考察でナルシシズムと露出症について検討しないというのは間違いであろう。結局のところ、裸体の芸術家は自身を性的な存在として誇示しているのである(p.15)。シーレはエロティックな悪霊をはらいのけ、「現実にはいつもは満足してはいない衝動」を想像で終らせてしまいたいのかもしれない。「欲情を描写すると、その欲情は片付いてしまう」という寸言がある。しかし、少なくとも裸体の自画像の場合には、これは証明として充分適切なものとは思えない。事実、シーレは知人達の評判によると、ふしだらな情欲者とは伝えられていない。たいていは醜く苦しめられている裸をみれば、性的な要素を過大評価することは誤りであろう。手紙や詩で述べられているように、もっとも重要に思えるのはシーレが自己の理解と探求を強調していたという事実である。この探求はシーレにとっては神秘的でも肉体的なことでもなく、精神的なものとしての肉体という媒介から放たれるエネルギーを位置付ける手段なのだ。

経験の主体者は同時に経験の客体者でもあるから、自己経験はしかし常に自己の重複でもあった。マックス・クリンガーは、連作《死についてII》の裸体の哲学者の像のある作品に西洋の考えのトポス、世界認識はその鏡像における自己

図版次ページ
自慰、1911年
Masturbation
グアッシュ、水彩、鉛筆、48×32.1cm
Wien, Graphische Sammlung Albertina

認識を通してだけ探し当てることができるということを言及した。それに反してアンリ・ド・トゥールーズ=ロートレックはモリス・ギベールのフォト・モンタージュのテーマに全く違う見解を言い表した。《トゥールーズさんがロートレックさんを描く》(1890年)という表題で、ロートレック自身が画家とモデルの貴族との亀裂を、トゥールーズとロートレックという人格の二重構造に示した。トゥールーズ=ロートレックの場合の成功した皮肉な解釈は自我の分裂の問題であって、その4年前の1886年に、すでにロバート・ルイス・スティーブンソンの物語『ジキル博士とハイド氏』に古典的な怪奇小説の形式で取り扱われていた。この物語はギリシア・ローマ時代からの有名な分身の主題に、ファウスト風な知識の実験が浸透している。

シーレも何枚かの作品にこのテーマを取り上げている。最も重要な例は1910年の《自己を見つめる人》である。《死と男》という題名を付けた1911年に制作した同じシリーズの第2作目も存在しているうちの第1作目である。絵画の題材との関係がすぐに理解できないような《自己を見つめる人》という題名にまず当惑させられる。その両者の特徴にシーレ自身があいまいに同一化している絵画の人物像達は、互いに見つめあってはいず、彼らの眼差しは、絵画から観賞者の方へ正面に向けられている。もっと正確に言えば、鏡像が仮定してあり、画家は自分自身を眺めることになる。この題名は絵画へのシーレの自己の関係を注意付けるように促しているのだ。絵画の中でシーレは実際の鏡像を自身の鏡像に倍加している。前方の人物はほとんどむき出しで、肩と腕から脚までかかっている黒っぽい優美なひだは、2人の間を隔離するものとして機能しているわけではなく、おおい隠してしまう被膜なのである。前方ではこのひだは、痩せこけ、不安定な身体をすっぽり包み、そして後方では、軽く変化する身振りとしぐさで、後ろの人物像が前の人物像に接近して密着している。それはほとんど影のようで身体の存在感のない像だ。前の人物の肩を越えて、画面から遠くへ眼差しを投げかけている。この場合は、どんな人間でも彼に似たアウラの精神のようなものとして存在できる分身を持つという、奥義の源泉から与えられた観念を認めさせる。一方、1911年に描かれた《死と男》には世期末の小説群によく取り上げられたテーマ、分身の外観に死の予期を定義することが具体的な形で表されていた。つまり、無彩の一蒼ざめた影に分身が脅かすように、いつも居合せる死の権力者として描かれている。その外観は、幻想的な無気味さが、例えばローヴィス・コリントのような《画家と死》のテーマのある他の同時代の絵画より数倍も優っていた。

シーレの作品の自画像は大変重要であり、また何故重要であるかは以上のような前提で理解される。彼の自画像は人間の存在の本質的な領域にかかわることができ、生と死を包括している。世界と自己の経験を集結する凸面鏡なのである。シーレの場合の自画像はある観念の可視の現実化として見てとれる。

パウル・ハトヴァーニは1917年の『表現主義についての試行』に次のように述べていた。「表現主義の芸術作品は芸術家の意識と結びついているだけではなく、まさに同一なのである。芸術家は彼の世界を彼の肖像に創作する。自我は予言的なやり方で絶対権を握る。」ハトヴァーニの言及は、自画像だけではなく、表現主義全作品にも通じる、ナルシス神話の新しい解釈を可能にした。現代のナルシストは、実際の輪郭線がいずれの物体の線をも再現する芸術的な肖像は生み

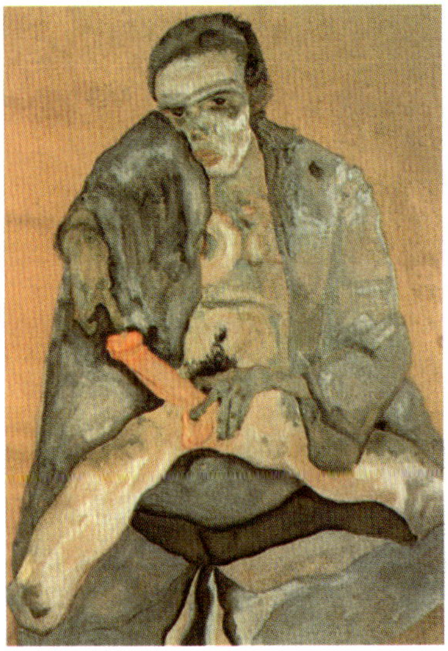

エロス、1911年
Eros
グアッシュ、水彩、黒チョーク、
55.9×45.7cm
Private collection

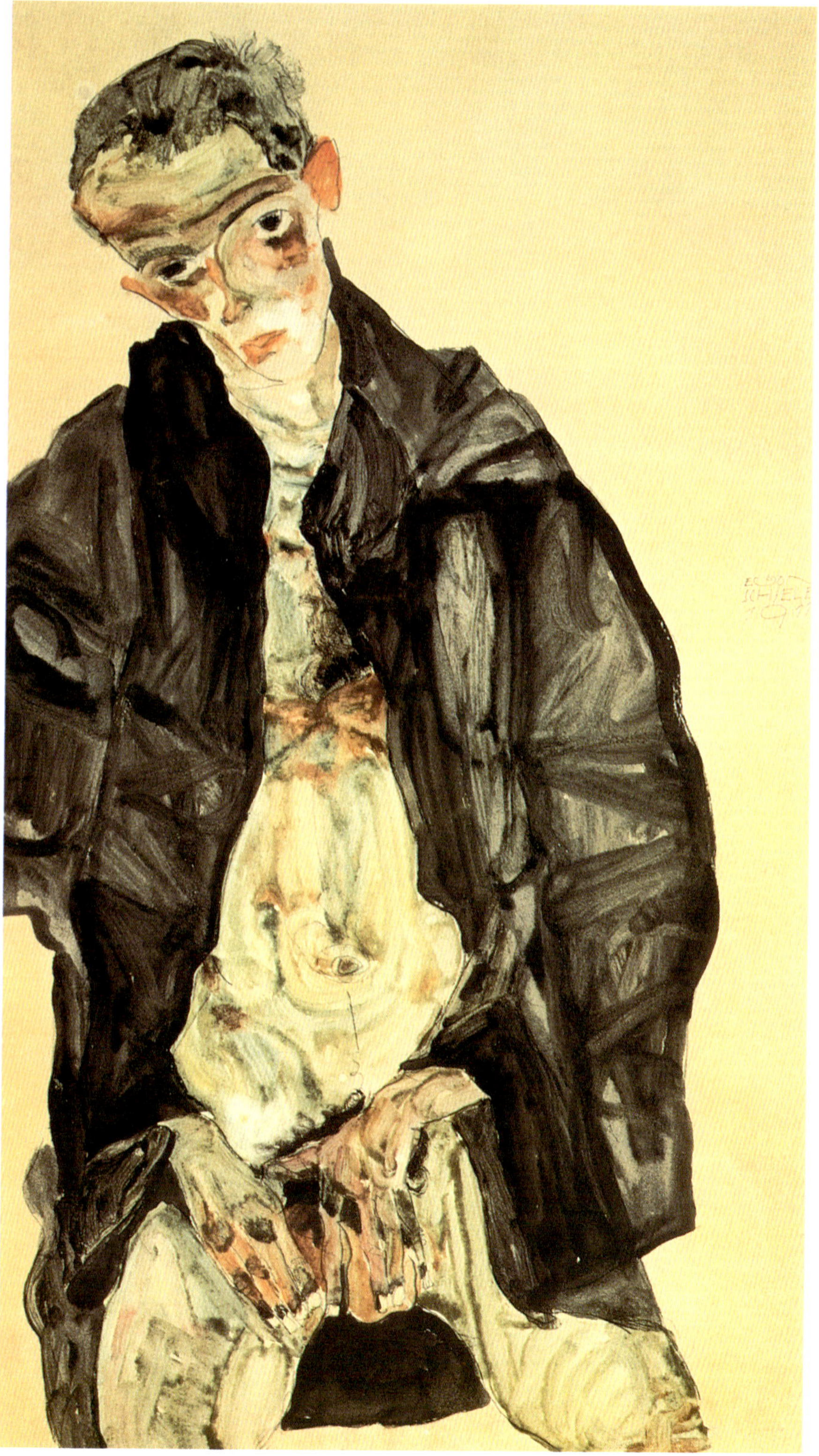

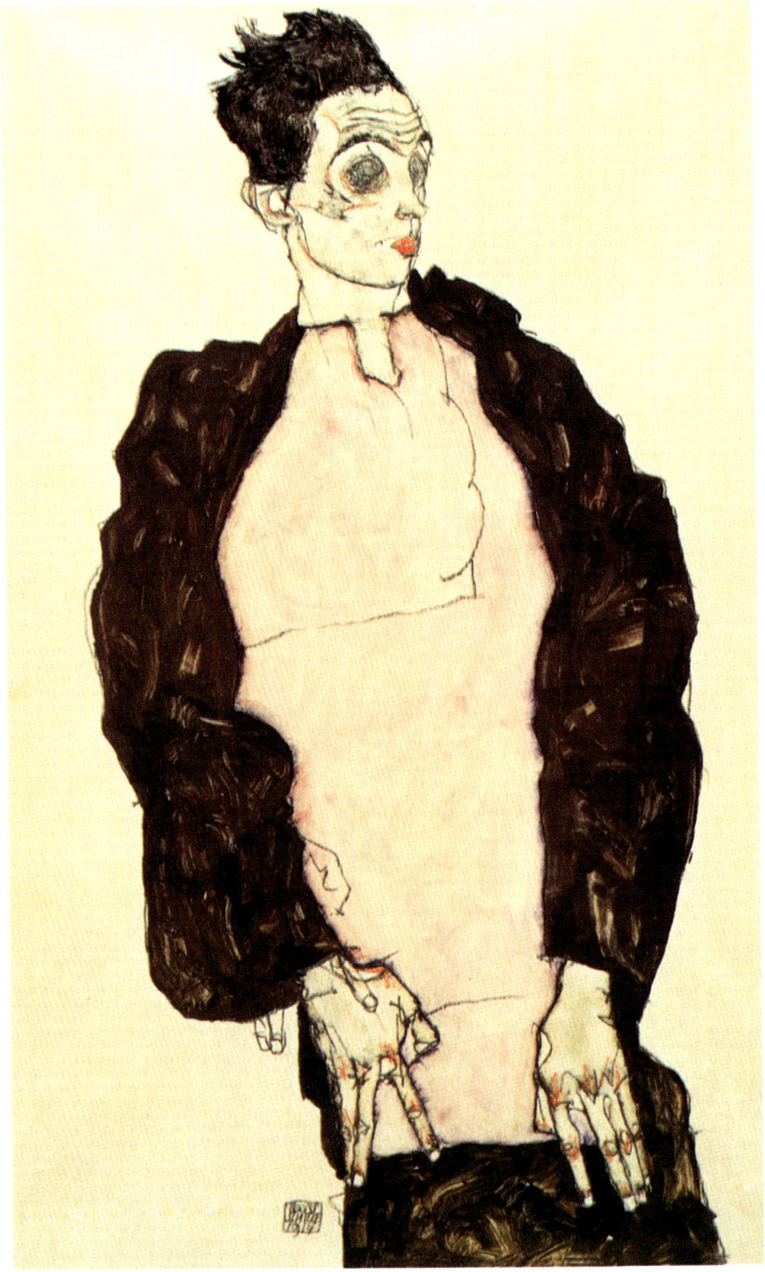

紫色のシャツを着た自画像、1914年
Selbstbildnis in lila Hemd
グァッシュ、水彩、鉛筆、48.4×32.2cm
Wien, Graphische Sammlung Albertina

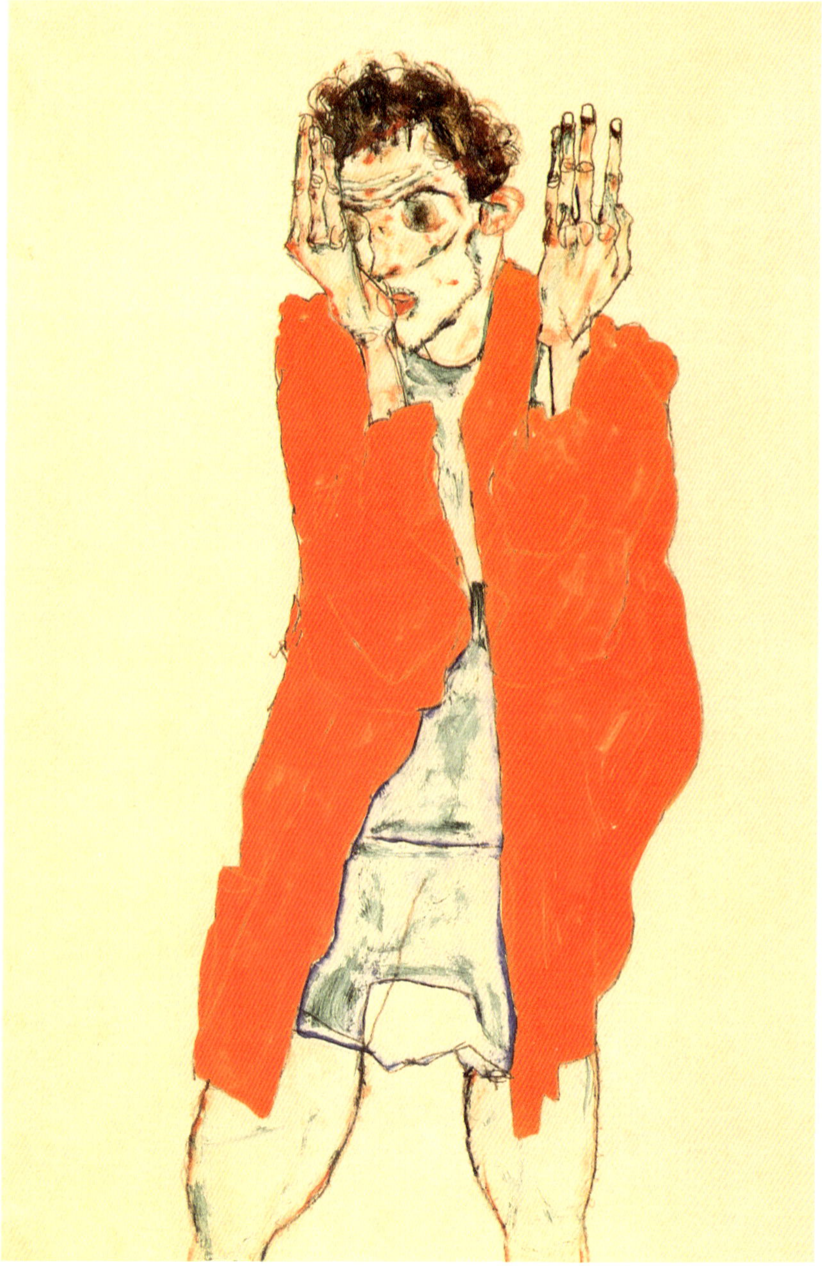

腕をあげた自画像、1914年
Selbstbildnis mit erhobenen Armen
グァッシュ、鉛筆、48.4×32.1cm
Private collection

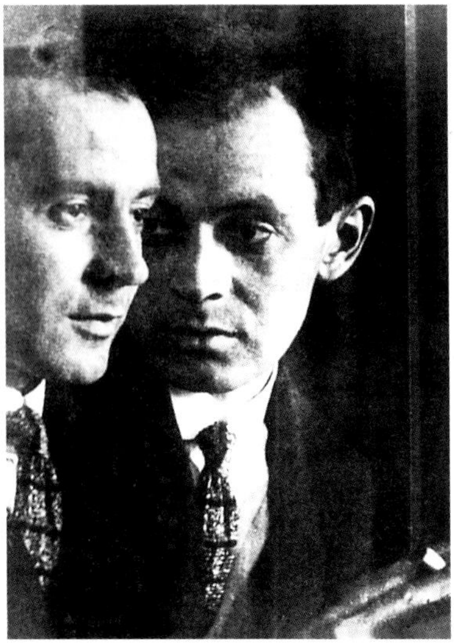

エゴン・シーレ、1915年頃
（二重露出）

予言者（二重の自画像）、1911年
Der Prophet（Doppelselbstbildnis）
油彩、キャンバス、110.3×50.3cm
Stuttgart，Staatsgalerie Stuttgart

出さない。世界における将来を見通す眼差しを転換する。転換において自我あるいは主観は、ニーチェが言うように、理解の尺度となる。素描と絵画の主題になり得るすべての対象物は、自分を投影した対象物、つまり芸術家自身の一部として体験された対象物になり得る。もう一度ハトヴァーニを引用すると「印象主義では世界と自我、内面と外面を一致させる態度を取っていた。表現主義では自我が世界を越えてあふれでている。つまり外部はもう存在しないのだ。表現主義者達は芸術を予期せぬやり方で実現した。（中略）この途方もない内面化以降、芸術は仮定を要しなくなった。仮定がすでに基本なのだ。」

シーレの死後追悼文を記述したハトヴァーニは「世界と自我の一致」を修得した表現主義は印象主義上への回答を提示したと把握していた。しかし、それ故にまた自我はイリュージョンとなり、不調和の感覚の累計を表現することになった。『感覚の分析』（1886年）という本の中で「救われない自我」という表現をした物理学者エルンスト・マッハによれば、不一致な要素と感覚の中で自己と世界は崩壊した。フーゴ・フォン・ホフマンスタールは『チャンドス卿の手紙』（1902年）でフランシス・ベーコンに架空の書簡を宛てた。「ばらばらに砕けてしまった。破片はまたつぎなる破片に。もはや概念では取り返しがつかない。一つ一つの言葉が私の周りを泳いでいく。私を凝視し、そして私のなかで再び見つめなければならない言葉が目の中に飛び込んでくる。見つめると眩暈を起こす渦巻だ。止まることなく回転し、巻き込まれて最後には空虚に連れていく渦巻だ。」シーレは感覚における自我の粉砕を、しだいにイメージの概念を形成する、そして世界との統一を幻想的に再現する何重もの自己に相対させた。1914年、15年に撮られた写真は、常に分裂に脅かされていた葛藤する人間がきっぱりと変化したことを示している（p.18）。シーレがなおも分身あるいは分裂に興味を持っていたことは確かだ。しかし、写真術は完全な主体感喪失を防いだのだ。私的な状況に強められた新しい自信は、シーレの生涯最後の作品には自画像がわずかしかなく、その中では自我と自己はほとんど完全に修復されたということを意味した。

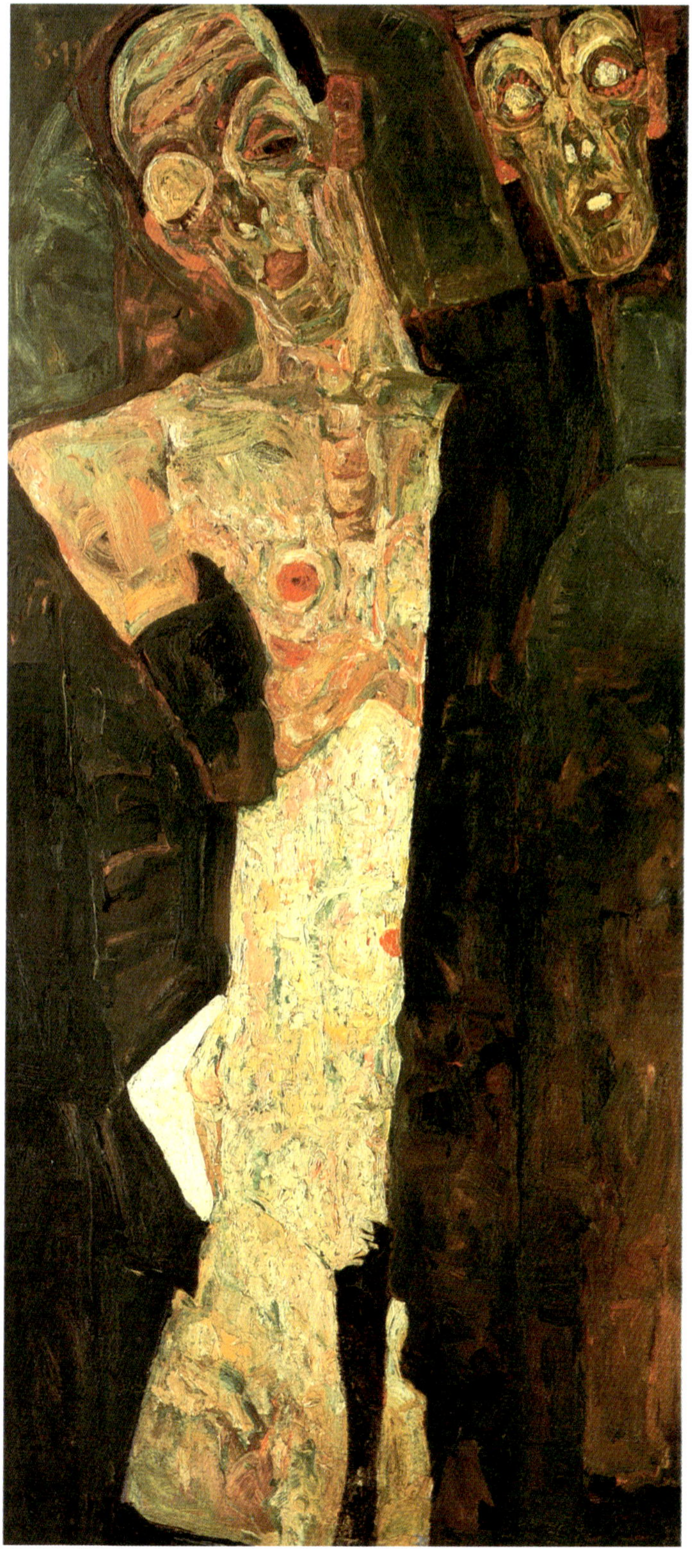

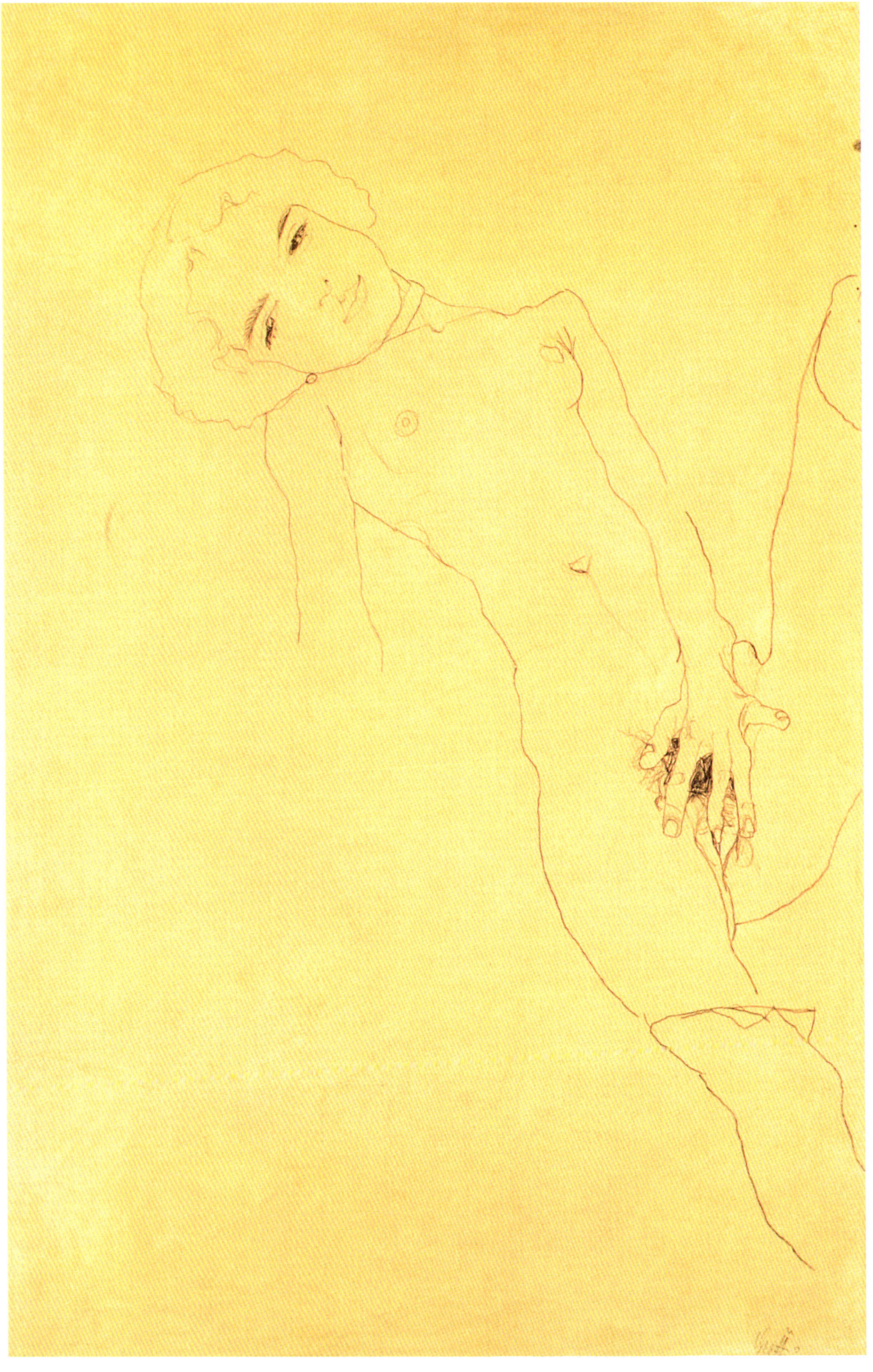

クリムトを乗り越えて

エゴン・シーレは1890年7月12日低部オーストリアのトゥルンで生まれた。彼の母マリーは旧姓ズークプで、ボヘミアのクルマウ出身であった。1880年に女子を、1881年に男子を死産し、1883年には長女エルヴィラを10歳で失った。シーレの姉メラニーは1886年に生まれ、彼の最愛の妹ゲルトルーデは1893年に生まれた。シーレは父アドルフ・シーレと特に親密な関係があったようだ。アドルフは北ドイツの出身で、トゥルンの鉄道官吏であった。そして父親からシーレは鉄道への生涯にわたる愛好癖を受け継いだ。祖父もまた鉄道技師であり、叔父で後のシーレの後見人レオポルト・ツィハツェックも鉄道技師であった。姉メラニーも後に鉄道局に勤務した。シーレの初めての子供っぽいデッサンは汽車を題材にしたものであった。シーレの作品には、とだえることなく並列していく風景画や街を描いた画(p.91)があるが、これらからは走っていく汽車の窓から見ているといった錯覚をキャンバスに定着させたかのような印象を受ける。シーレはいつだったか「冷たいウィーン」に耐えられなくなって、それもまたしばしばあることだったが、ブレーゲンツに向かって汽車に乗り込んだ。そこもやはり気に入らず次の列車で再びウィーンに戻ってきてしまったということもあった。1913年の7月、シーレにとっては父親のような友人、批評家のアルトゥール・レスラーにトゥラウン湖沿いのアルトミュンスターに招待された時、シーレは生まじめな正確さで列車の発着時間を書いてよこした。彼は結局、まるで違う方向から違う時間に到着したのだが。レスラーの思い出に書かれているように、シーレはレスラーの避暑地でこう過ごしていたようだ。「それは素晴らしい光景であった。シーレはなにもないたたき床の部屋のまん中に座って自分のまわりを鋼鉄ばねで動く本当によく出来た小さなおもちゃの汽車を走らせていた。(中略)あきれるほどに、子供のおもちゃで真剣に遊ぶ青年であった。蒸気のシューシューという音をまね、信号の警笛の、車の回る、レールのつなぎ目の、車輪軸の摩擦音、そして鋼鉄のきしむ音、ありとあらゆるどよめきや、発車時の排気口の爆発音、停止時の擦れるような鋼鉄の叫びを奏でながら生まじめに遊ぶ男の素晴らしい名人芸にはびっくりさせられた。(中略)シーレがそのようなことをすること自体が驚きだった。まるでどんな演芸場にも『登場』できそうだった。」しかしやはり彼は出演向きではなかった。なぜなら熟練した遊戯には見せ物的な要素はまるでなくて、人とつき合うよりむしろひとり遊びの好きな恥ずかしがり屋の内気な「幼児性」という印象の方が強かったからだ。

強健な体質を持たなかったシーレは、おとなしい子供であった。そしてクレムス(1902年)とクロースターノイブルク(1902年から1906年まで)のレアールギムナ

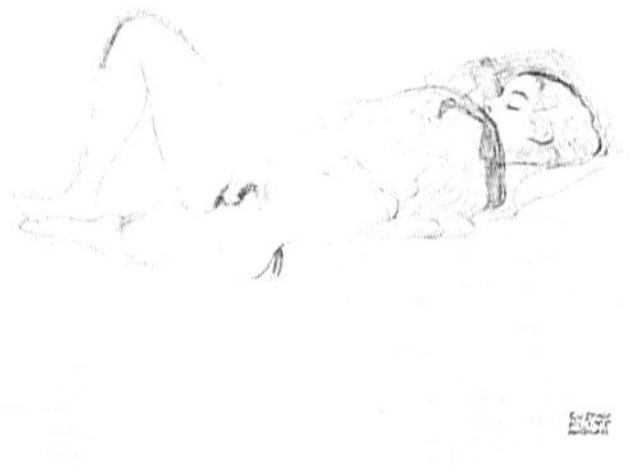

グスタフ・クリムト
横たわる半裸体、1904年
Liegender Halbakt
鉛筆、白のハイライト、37.2×56.5cm
Bern, E.W.Kornfeld Collection

半分横たわっている少女の裸体、1910年
Mädchenakt, halb liegend
鉛筆、55.7×37cm
Graz, Neue Galerie am Landesmuseum Joanneum

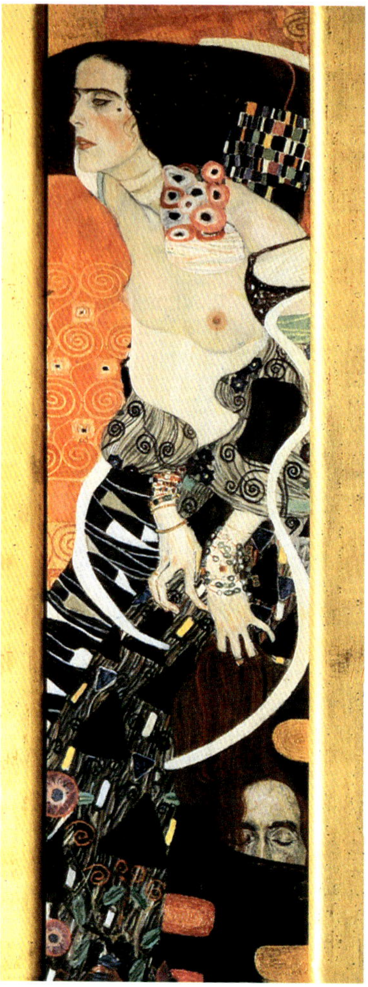

グスタフ・クリムト
ユディットII(部分)、1909年
Judith II
油彩、キャンバス、178×46cm
Venezia, Galleria d'Arte Moderna

ジウムでも、特別な野心や秀でた才能で人目をひくということはなかった。彼の「粗野な教師が(中略)悪意をもった」ことから不的確な理由で処分されたため、シーレは1学年繰り返さなければならなかった。しかし、クロスターノイブルクの教授ルードヴィック・カール・シュトラオホ、画家マックス・カーラー、アウグスティン派の僧会評議員ヴォルフガング・パウケル達が親身に指導した美術の時間だけには、シーレは熱心さと熱意を示した。1906年のアカデミーへの受験の際も、後見人レオポルト・ツィハツェックの異議に対して、彼らはシーレの力となった。

その1年前、シーレは生涯で一番つらい出来事を経験した。1905年の1月1日、彼の父親が精神錯乱の進行性麻痺のため亡くなったのだ。彼の死によって起き得る心もとない経済状態を抜きにしても、シーレにとってはかけがえのない彼の理解者の一人を失うことになったのだ。シーレは母親とは親密な愛情関係を持っていなかった。母親がシーレの浪費をとがめた時など、いんぎん無礼なそれでいて教訓的な手紙を書き送ったりした。それに反して父親の死と喪失は、何年も後に夢にまで見て、また夢の中で父親と話すほど影響が大きかった。シーレ家にとっては無縁のものではなかった死の経験は、シーレにある信条を芸術面でももたらした。人間の死というものが彼の創作上の主題となったのだ。それに加えて、思春期のエゴン・シーレにとって、家族内の唯一の「男性」になるということも意味していた。自尊心ゆえに、尊敬する父親の喪失を埋めることも試みなくてはならなかった。

父親の死後、自画像は創造者と肖像者が同一であるという意味で、エゴン・シーレにとって理想的な媒介であった。父親は彼にとってかけがえのない人間で、認可を求めることのできなくなった、この世にはもういない人の空白を彼は何とか埋め合わせなければならなかったのだ。彼の素描あるいは絵画の自画像は完璧であったが、それは、失われた理想的な父親像(ラカン)を補うためのナルシスト的な手段でもあった。

最初の自画像はすでに「自己愛」がよく現れている。鉛筆で描かれた胸像で、上部の隅に「鏡の自画像06」とサインしてある。この署名からシーレが神経症的な傾向のある青年であったこともうかがえる。「彼の持物、定規や本やそんなもの全てに、また素描や絵画につねに彼の名前を丁寧に書き込み、年月日も入れていた。(中略)しばしば彼の絵の署名と年月日は書いては消すといった風に引っ掻き傷がのこっている。」同じ年のその後に描いた自画像はパレットを持つ肖像で、高い衿のシャツに背広を着込んでいる。単純なようだが真剣に、自分はもう大人だというはっきりした証しを示したかったのだろう。1906年と1907年の間に制作されたこれに続く自画像は、つまりウィーン・アカデミーの学生時代のものだが、かなり自意識のある自己観察の鋭い青年を示している。これからなる職業、いやすでに彼の職業に誇りをもっている。また彼はこの図を写真にも撮らせている(p.94)。

1917年の自画像に見られるような写真上の覚めたまなざしとダンディーな外観は、芸術家として扱われたい青年の願望を記録している。エレガントな服装に対する好みを強めたが、しかし、その好みは想像によるカムフラージュによってしか満足できないものだった。レスラーに対して次のようなことを表明していた。「私が母や後見人の反対をおして芸術家として一人立ちしようとした時、生活はすぐに最悪なものになった。私は後見人のお古の大きすぎる衣服や靴や帽子を身につけた。服は裏地がぼろぼろで生地は薄くて、痩せた肩にひっかっかていた。靴はくたびれはて、皮は裂け、靴底は大きな穴があいていた。私はそれを引きずって歩くことしかできなかった。帽子は色あせてよれよれでかび臭かった。それが目にかぶさってこないように新聞紙をたたんで詰め込まなければならなかった。私の『衣類』の中でも下着は『一番ひどい』ものであった。引き裂かれた布地のあまりの、網になったようなものが下着と呼べるかどうかわからない。カラーは父のお下がりで私の細い首まわりには広すぎ、また深すぎた。だから日曜日や『特別』なときには、自分で切り抜いて作った紙の『独特な』カラーを着けた。」建築家のヨーゼフ・ホフマンと〈ウィーン工房〉(Wiener Werkstätte)の会員達によって、シーレは1909年以降ブリュッセルのストクレ宮殿のガラス窓の草案と、葉書とファッションのデザインをするという機会を与えられらた。しかし、それらはほとんどスケッチブックに収められた構想に留まった。

母親と、音楽愛好者であったが美術を無視していた後見人レオポルト・ツィハツェックを押し切って、シーレは1906年彼の望みどおり画家になるためにウィーン・アカデミーの受験を貫き通し、合格した。シーレは歴史画家、肖像画家であったクリスチャン・グリーペンケルルの教室で授業を受けた。彼は凝り固まった伝統主義者でカール・ラウルの弟子でもあった。シーレはそれまで彼の才能を漠然と感じさせるだけの自画像と幾つかの肖像画のほかに、圧倒的な量のクロスターノイブルクや様々な風景画と街の絵をデッサンし描写していた。しかしアカデミーでは長い伝統の厳格なやり方に服さなければならなかった。まず主には古代彫刻の模写、生体デッサン、着衣デッサンの授業があり、それに加え構図の練習などがあった。シーレがそのアカデミックな体制で渋々受けていたすべての授業はいずれにせよ彼のすでに持っていたデッサンの才能を完成させたが、彼の個人的な様式には何の痕跡をも残さなかった。グリーペンケルルの古くさい教育を受けていたときでさえ、グスタフ・クリムトや〈ウィーン分離派〉の線的平面様式はシーレに影響を与えており、その感銘は作品の一部に明らかになっていた。

エゴン・シーレは一時的にはある方向性に進もうと決意していた。それは1897年に結成された芸術家共同体の〈ウィーン分離派〉で、他のヨーロッパと比べたらとても前衛とは呼べないものだったが、1898年にヨーゼフ・マリア・オルブリッヒによる展示館の設立はウィーンでは進歩的なものだった。〈ウィーン分離派〉はルードヴィック・ヘヴェシーによって提案された「時代は芸術に、芸術は自由に」というモットーで、歴史主義の硬直したアカデミックな因襲に対抗して第一歩を踏み出したものであり、芸術と生活の非分離を目指した。彼ら機関紙は『ヴェル・サクルム』(Ver Sacrum=聖なる春)と名付けられていて、一般の人達に彼らの目的、新しいテーマ、そして芸術の使命を知らしめた。1903年にヨーゼフ・ホフマン、コーロマン・モーザー、実業家フリッツ・ヴァーレンドルファーによって設立された〈ウイーン工房〉は『聖なる春』の安全地帯であった。そこでは工芸復活が進められ、その目的はあらゆる人間環境を美の領域へと変化させることであった。芸術が人間の病を癒し、厳しい現実をおおう装飾のヴェールが「救うようなもの」となることを願う人々にとって、この新しい運動の「救世主」とみなされていたのはグスタフ・クリムトであった。評論家ヴェルナー・ホフマンは述べている。「明らかなことは、装飾的なものに価値をおき、人間の行為と苦悩をこえたものを規定するある芸

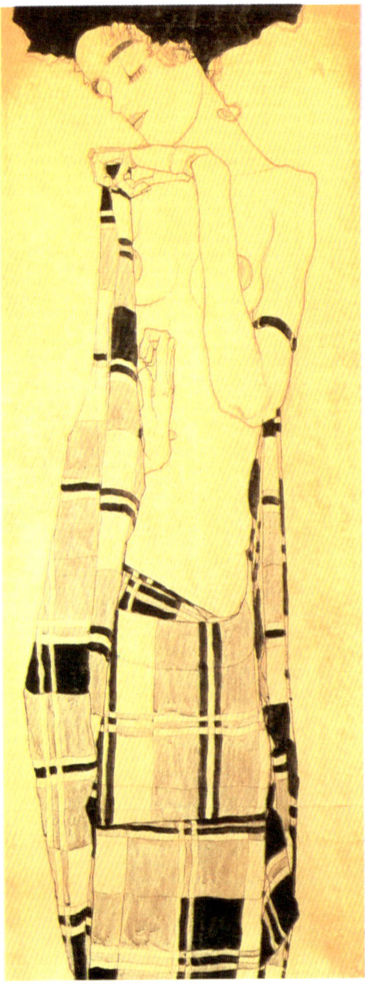

チェックのタオルを持つ立っている少女、1910年
Stehendes Mädchen in kariertem Tuch
水彩、木炭、厚紙、134×52.7cm
Minneapolis, The Minneapolis Institute of Arts, Gift of Dr. Otto Kallir and the John R. van Derlip Fund

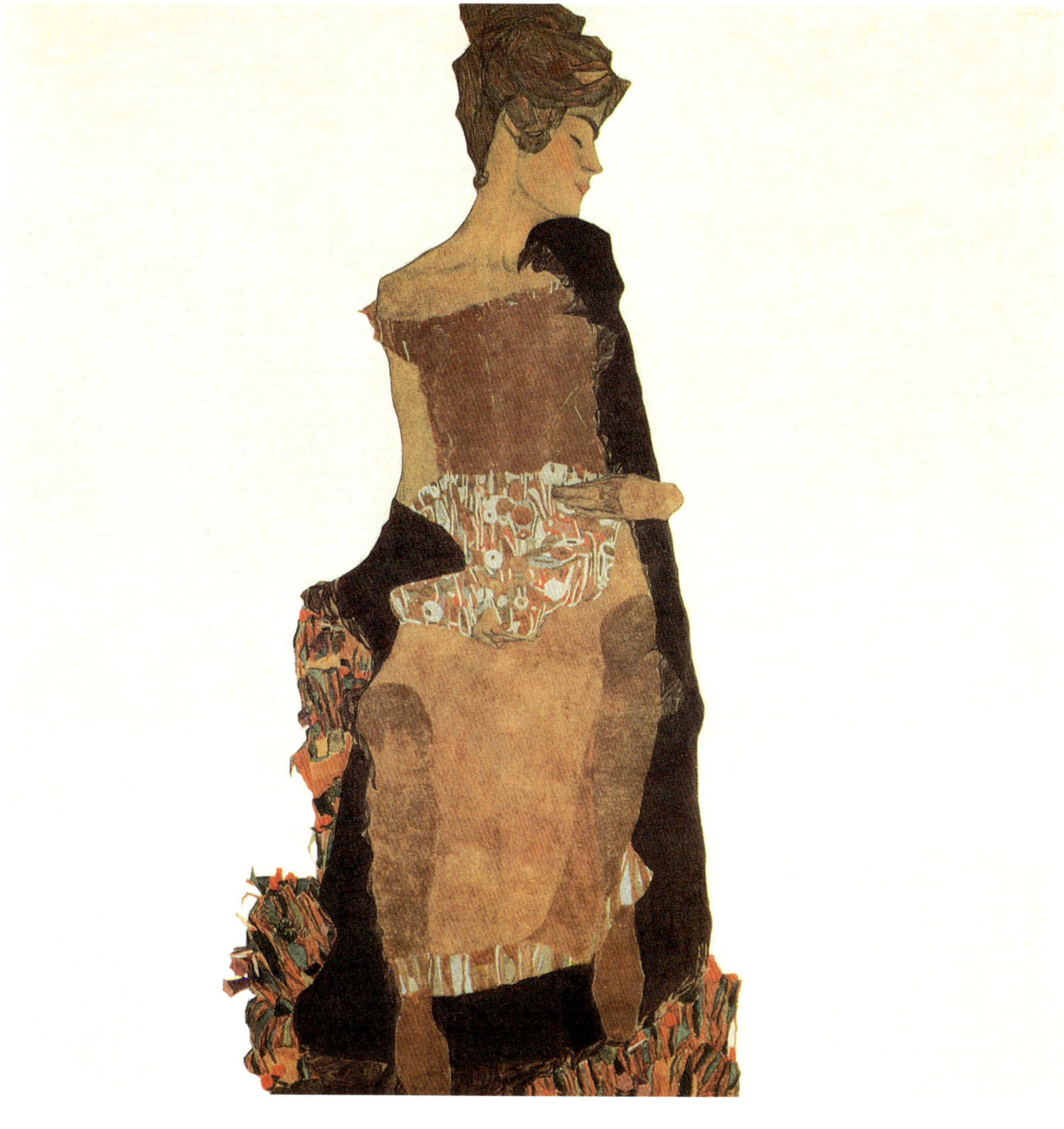

術の努力は不調和や、痛みの爆発や、悲劇をなだめることはできない、しかし快い響きの中に溶かし込むのである。クリムトは芸術の努力を、ある例外《法学者》を別にして、生涯に渡って実施した。《接吻》ではあらゆる緊張を男と女の体から取り去り、四角形と円形という相反する文様で飾った。衝動と欲求は装飾的なコントラストのある媒介で謎めいたものになる。《ダナエ》の肉体にまとわりつく黄金の雨は、聖なる雰囲気をおびた肉体の装飾的な扱いとともに古代のモチーフを加えている。魅惑的な装飾によって生み出される特別な欲望の感覚は、単なる飾り以上のものであり、恋する男が果たせなかったものを成し遂げ、肉体を装飾的な符号の芸術作品へと変化させる。エロスはイコンとなった。」

クリムトはシーレにとってアカデミーに在学中も生涯を通じても素晴らしい手本

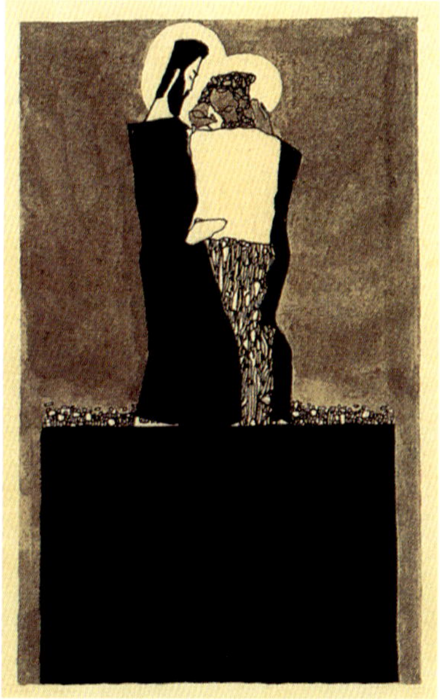

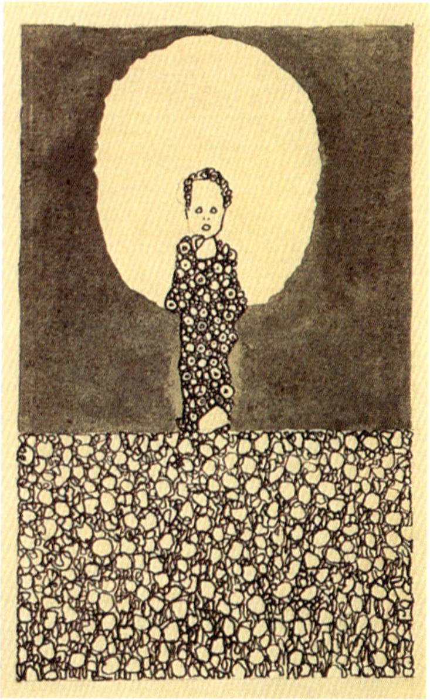

図版上左
後光のある二人の男、1909年
Zwei Männer mit Nimben
黒インク、鉛筆、15.4×9.9cm
Wien, Graphische Sammlung Albertina

図版上右
花の咲く草原にいる後光のある子供、1909年
Kind mit Nimbus auf einer Blumenwiese
黒インク、鉛筆、15.7×10.2cm
Wien, Graphische Sammlung Albertina

図版左ページ
ゲルティ・シーレの肖像、1909年
Porträt Gerti Schiele
油彩、キャンバス、140×140cm
New York, The Museum of Modern Art
Legacy and Partial Gift of Ronald S. Lauder

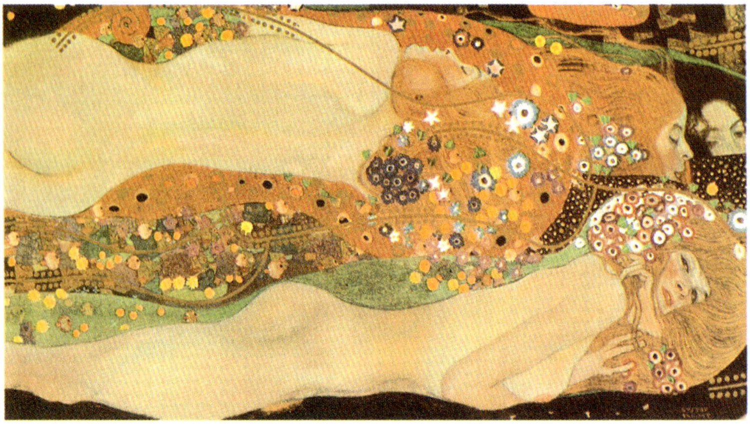

グスタフ・クリムト
水蛇II、1904年−1907年
Wasserschlangen II
油彩、キャンバス、80×145cm
Private collection

であった。このこと自体、グリーペンケルルとアカデミックな教育の教条主義に対する反抗的な行為であった。自然主義的な身体のデッサンや奥行きのある絵画法に反して、クリムト的な造形作法をシーレは修得していった。とりわけ、描かれた表面の強調を採り入れ、優れたデッサン力と空間的価値に代わる装飾性がこれを補強した。シーレのクリムトとの類似は《水の精》(1907年と1908年、p.27)に実際に見てとれる。シーレはクリムトが1904年から1907年にかけて描いた《水蛇》(p.26)からモチーフをとった。この作品には横たわっている女性像が水平に配置され、装飾的な中に置かれている。クリムトの絵画は一般的にそうなのだが、自然に描かれた身体の官能的に膨らまされた輪郭線に、抽象的で装飾的な色彩の平面と形が差し込まれていく。しかし、シーレの場合は人物自身が抽象的な装飾的構成になっている。角張った輪郭で、クリムト風の有機的で立体的なものを削げ落とし、金属から切り取られたかのように見える。類似的なモチーフにもかかわらず、シーレの作品にはクリムトの《水蛇》のエロスは消失して、むしろ黒っぽい男の横顔を添えることで、精神的なものを感じさせる。クリムトの場合、その線が美を旋律的で律動的なものし、そして対象が美化されているにしても、輪郭線は肉体の描写に明確な対象をきわだたせるものとして存在している。しかしシーレの輪郭線は解釈を表す自発的な手段で、ある意味では実体がない。そして非常に角張った形態に激しい、表現性のある性質が含まれている。

ワシリー・カンディンスキーはちょうど同じ時期に線の心理的側面に関する理論書を執筆していた。角を生み出す3種類の主要な角度の性質を、次のように解釈していた。直角は最も客観的で、冷たく、支配的だ。鋭角は緊張感があり、温かく、しかし同時にシャープで、活動的だ。鈍角は頼りなげで、弱々しく、受動的なものを表している。カンディンスキーに言わせると角度の響きは芸術家自身の力量次第による。作品の完成度に従って、鋭く活動的な幻想、冷たく支配的な品質、弱さの感覚を表す。

我々が知っている限りでは、シーレとカンディンスキーの間にはいっさいの交流もなかったはずだが、カンディンスキーの説明はシーレの重要な芸術的手段、線あるいは素描の質と性格を理解する上での助けになる。カンディンスキーの本の

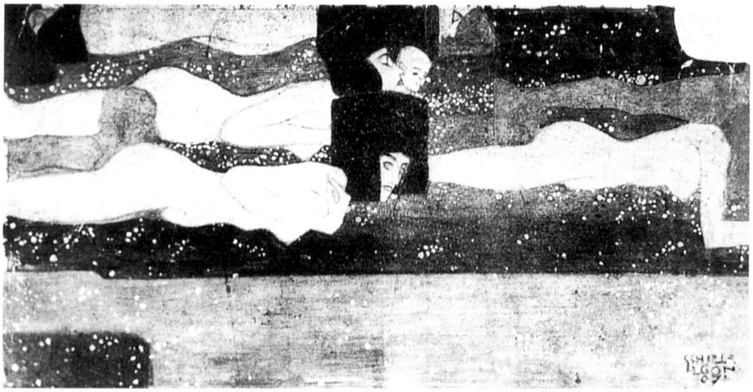

水の精 I、1907年
Wassergeister I
グァッシュ、色チョーク、銀色、金色、27.5×53.5cm
Private collection

内容分析は別として、確かにシーレの作品では角張った線に精神的あるいは心理的なものが含まれている。そして、これはクリムト的なものからの大きな変化であることを示唆している。クリムトの場合は人物像と装飾が自然主義と様式化のコントラストの関係において成り立ち、露わなものと隠されたものとの間に洗練された相互作用を生み出している。肉体は装飾的な「記号」となるのである。しかし、シーレの場合その関係は深刻である。シーレでの意味は、隠すのではなく押し出し提示するような角張った線によって伝えられる。こうした線の用い方には、装飾的な面が含まれているものの、単に様式化された飾りではなく、1910年以降に強まっていく表現に富んだ極端な強調性と屈折性の芽生えがすでに見て取れるのである。

クリムトとの関係の分析は様式と主題的な要素ばかりに留まるわけではない。〈ウィーン工房〉のための絵はがきの下絵の中で、クリムトへの敬意をシーレは初めて具体的に表現した。理想化した、しかし誰にもわかる形で、シーレは師と自分自身を絵の中に描いた。それは堂々たる土台の上に立つ後光のさす法衣のようなものをまとった二人の男で、厳粛なまるで宗教儀式すら連想させる(p.25)。1912年にシーレは同じテーマを取り上げたが、宗教的な雰囲気は希薄になっている。ここでは両者を二人の聖人ではなく、その絵画の題名、二人の《隠者》として描いた。もはや神秘的な隔離感はなく、不安定な均衡を兼ね備えていて、年上のクリムトは死んだような、若い方のシーレは陰鬱な顔の表情を持つ人物として描かれている。シーレが孤独な、社会から苦悩を強いられた芸術家の生活を送っていたからにちがいない。シーレはコレクター、カール・ライニングハウス宛ての手紙に「うなだれ、体を折り曲げたような、優柔不断な人物、自殺、しかしなお感覚に敏感な人間の肉体」と、書き送っている。

《隠者》を制作している頃のシーレは、芸術家は普通の人々が見のがしているようなことが見えるような予見者でなくてはならないといった，ある種の芸術聖職者として自らを感じ取っていた。シーレはこの芸術家としての見解の基本を少なくとも1909年までにに確立していた。この年にシーレは他の学生達と共にアカデミーを退学した。付け足しておくと、成績は平均並であった。その後、友人達やアントン・

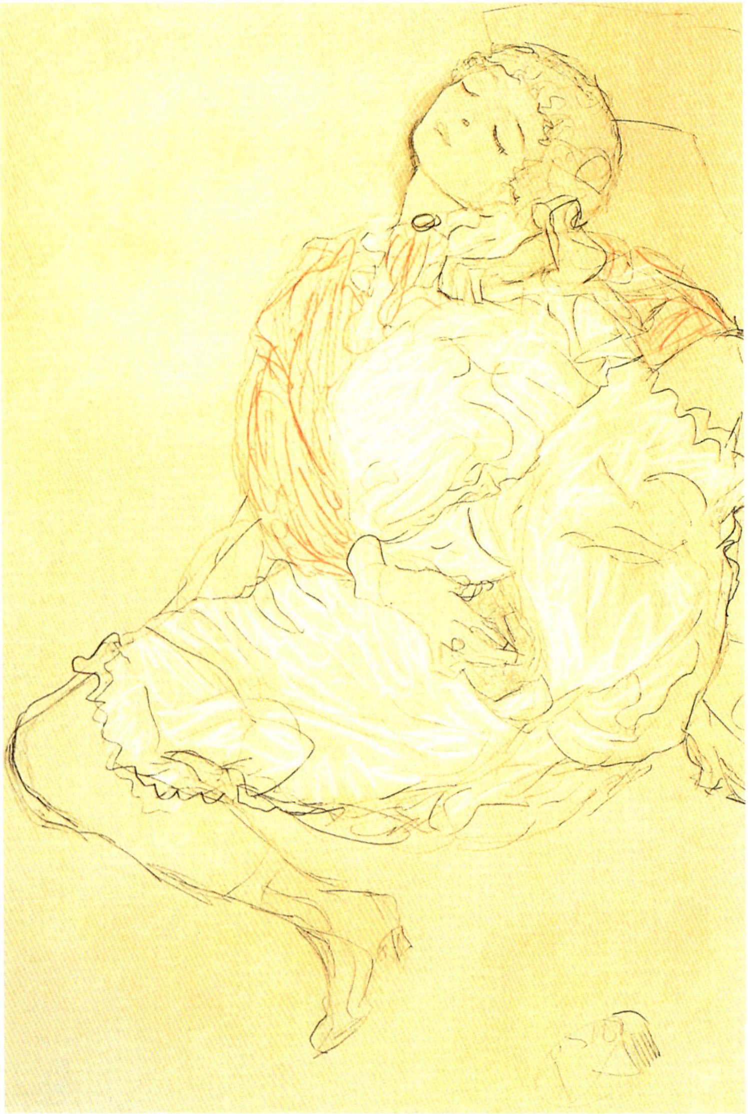

グスタフ・クリムト
目をつぶった横たわる半裸婦、1913年
Sitzender Halbakt mit geschlossenen Augen
鉛筆、57×37cm
Wien, Historisches Museum der Stadt Wien

ファイスタウアー、カール・マスマン、アントン・ペシュカ、フランツ・ヴィーゲル、カール・ツァコヴセックといったグリーペンケルルの元学生達と長くは継続しなかったいわゆる〈新芸術家集団〉(Neukunstgruppe)を創立した。1914年に改定したものが雑誌『ディー・アクツィオーン』(Die Aktion)に掲載されたこのグループのマニフェストに、シーレは芸術家は「天職」としてあるべきだと明記して、信条を記述した。「新しい芸術家は、その人自身であり、またそうあらねばならない。彼は創造者でなければならないし、過去と伝統的なものに頼ることなしに全く新しい基礎を築かなければならない。それが新しい芸術家である。」「自分自身であること」つまり内なる自己からそして自分自身のために創造することの価値を強調しな

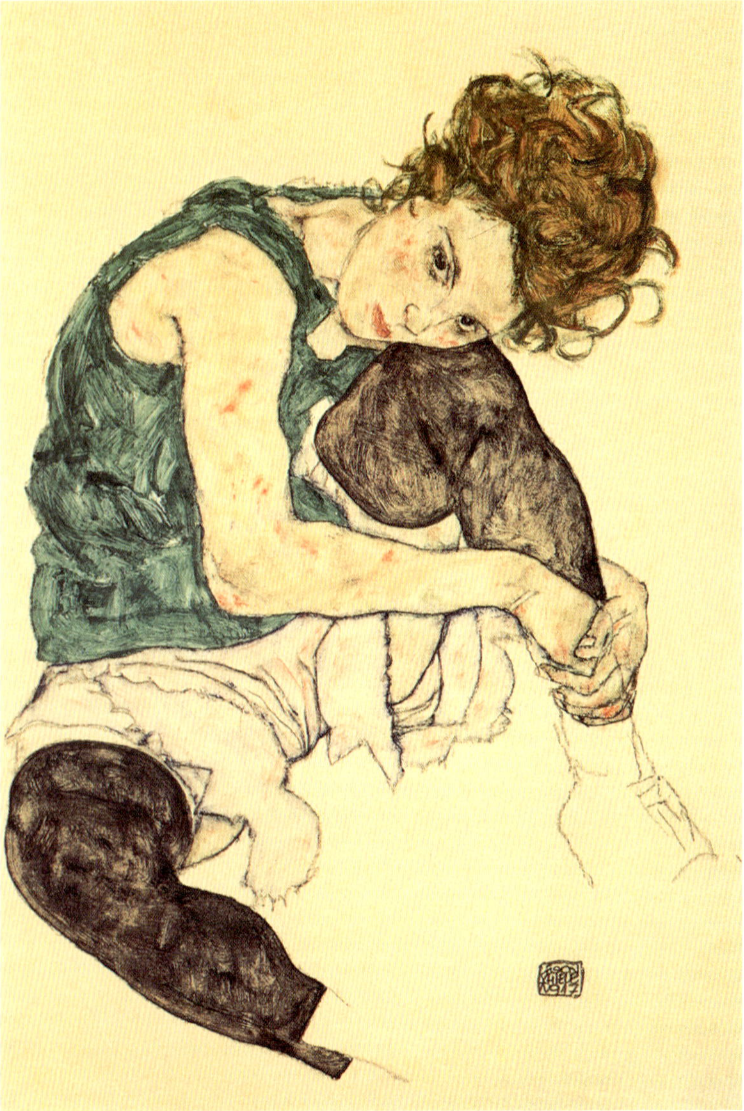

左足を高くあげた座る女、1917年
Sitzende Frau mit hochgezogenem linken Bein
グァッシュ、黒チョーク、46×30.5cm
Praha, Národní Galerie

から、この19歳の青年は人生のテーマとコンセプトを見続けていた。そしてそれは分け隔てることのできない個人と芸術家としての発達を形作るものであった。

はっきりとは限定できないが、彼の表現手段の選択において、シーレは1909年のヨーロッパのアヴァンギャルドを擁護した「第2回国際芸術展」(2.Internationale Kunstschau)を通して影響を受けた。この展覧会にはエルンスト・バルラッハ、ピエール・ボナール、ローヴィス・コリント、ポール・ゴーガン、マックス・クリンガー、マックス・リーバーマン、アンリ・マティス、マックス・スレーフォークトやフェリックス・ヴァロトンのほかにもフィンセント・ファン・ゴッホ、エドヴァルド・ムンクそしてベルギーの彫刻家ジョルジュ・ミンヌなどが出品していた。シーレはフェル

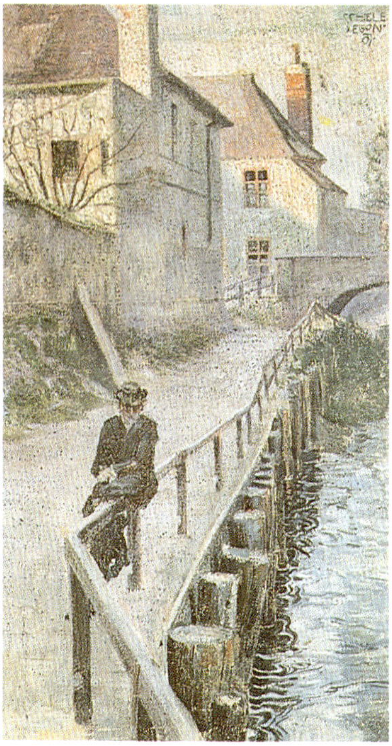

クロースターノイブルクの古い通り、1907年
Alte Gasse in Klosterneuburg
油彩、キャンバス、96.6×53.5cm
Linz, Oberösterreichisches Landesmuseum

波のある水の上の帆船、1907年
Segelschiffe in wellenbewegtem Wasser
油彩、鉛筆、厚紙、25×18cm
Graz, Neue Galerie am Landesmuseum Joanneum

ディナント・ホドラーの表現芸術から特に刺激を受けた。この芸術展はシーレにとって大きな展覧会に参加する初めての機会となった。1908年の第1回国際芸術展では大きな反響を呼んだのだが、その1年後にはシーレと同様にもうほとんど注目を浴びなかったオスカー・ココシュカと同じ部屋に4枚の肖像画が展示された。ココシュカは4歳年下の例外的な抜擢に真の競争相手が現れたと感じていたにちがいない。事実その後シーレについてかなりの不機嫌さを表明していた。それまでは彼一人が、性と社会の膨らんだ不和に対して装飾の化粧で免疫をつけた市民の肌を剥すために、どのような方法を駆使しても正当化されていた、市民の驚異であったからだ。彼は1908年の芸術展でマスコミを刺激するような唯一の新進の芸術家であることに満足していた。たとえ反響が『ノイエ・フライエ・プレッセ』(Neue Freie Presse=新自由新聞)で評論家アダルベルト・F.・ゼーリックマンによる次のような混乱させられる批評であったとしても。ゼーリックマンはシーレに対しても言葉による攻撃をしかけようとした。「『装飾的な』内容のはずであるココシュカの作品を飾った次の間には相当の注意をして入るべきである。趣味の良い人はここではある神経ショックを受けずにはいられなかった。」ルードヴィック・ヘヴェシーのような現代的なものへの支援者ですら「ココシュカの部屋」を「野蛮な部屋」と呼ばずにはいられなかった。「中心となっている野獣とはココシュカのことだ。〈ウイーン工房〉は皆彼に期待している。彼らはココシュカの童話を出版したが、平凡な子供達のためにではない。」

シーレがココシュカの「夢見る若者」という童話を知っていて、またとりわけ話題性の多い話に印象づけられていたのは疑いのないことだ。シーレの絵はがきの下絵の「クリムトとシーレ」と「夢見る若者」の中の1枚《帆船》と1913年の《予言者》と「夢見る若者」の《船を呼ぶ》との比較がそれを示している。芸術展に出品した装飾的な様式のクリムト風な模倣に反抗的な角張った線が紛れ込んでいる肖像画、これは彼の妹のゲルティーを描いたものだったが、そこにもすでにココシュカの線描様式が見てとれる。シーレの絵画からは「趣味の良い人」は「神経ショック」の危険にはさらされなかったが、それらは造られた背景、そして防御的な装飾のおおいを完全に捨てることで、身体と身振りからも仮面をはがすことを提示していた。シーレは〈新芸術家集団〉のマニフェストの主旨、クリムト風な寓意的な、神話的な衣服を要しない創造者になり、「過去と伝統的なものに頼ることなしにまったく新しい基礎を」築くことを果たしたのだ。それはまた避けられない帰結でもあった。シーレは〈新芸術家集団〉の仲間と、最初のしかし実りの少ない展覧会をウィーンのピスコ画廊で開催した後、そのグループから離れ、そして「自分自身に自分のもの」を発展させていった。1910年に宮内顧問官ヨーゼフ・ツェルマック博士に宛てた手紙に次回はミートケ画廊で「個展」をする予定だと特に強調した。そして終りに「私は3月まではクリムトにならって制作してきました。でも今はまるで違った方向に進んでいると信じています...」と結んだ。

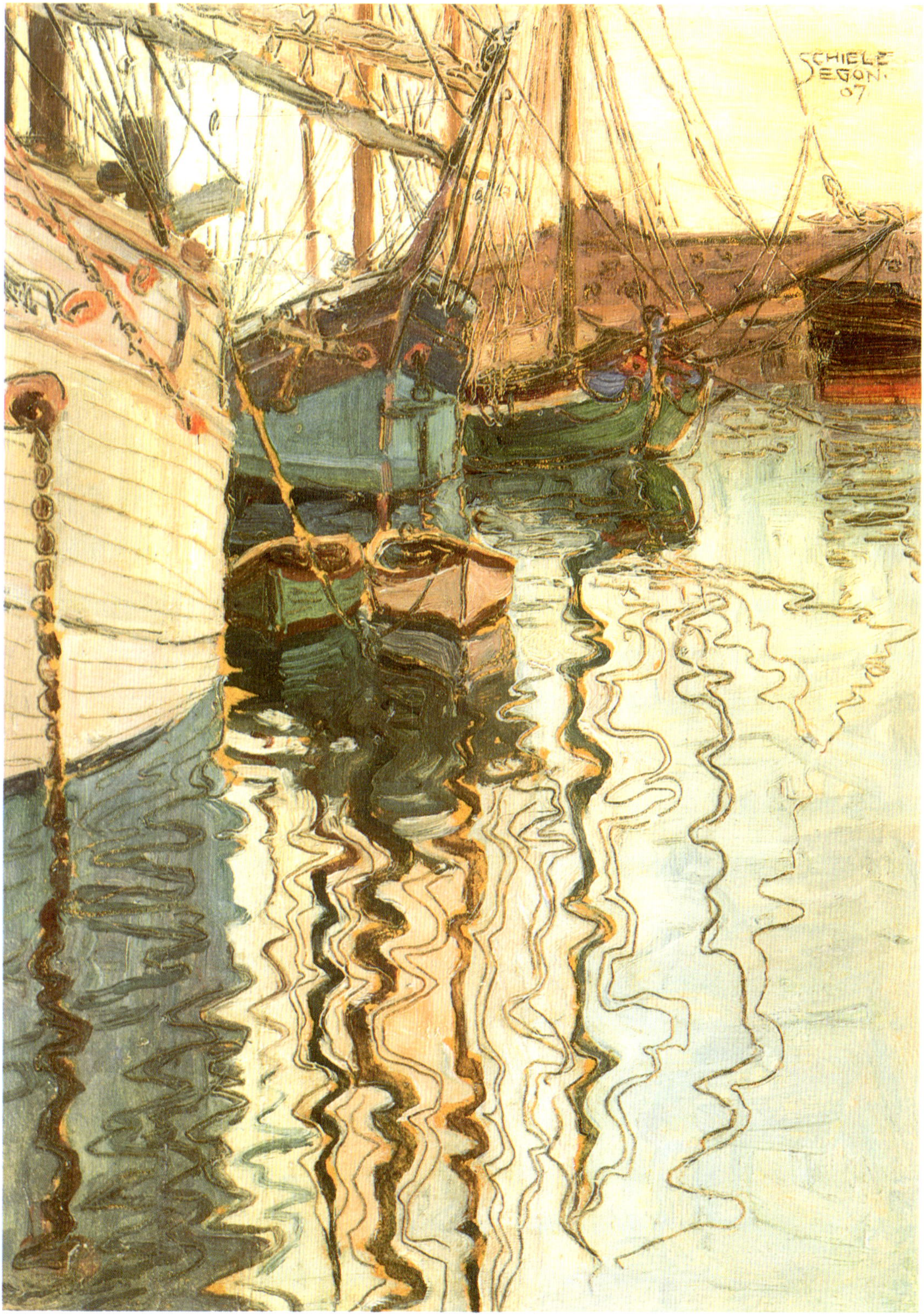
SCHIELE
EGON.
07

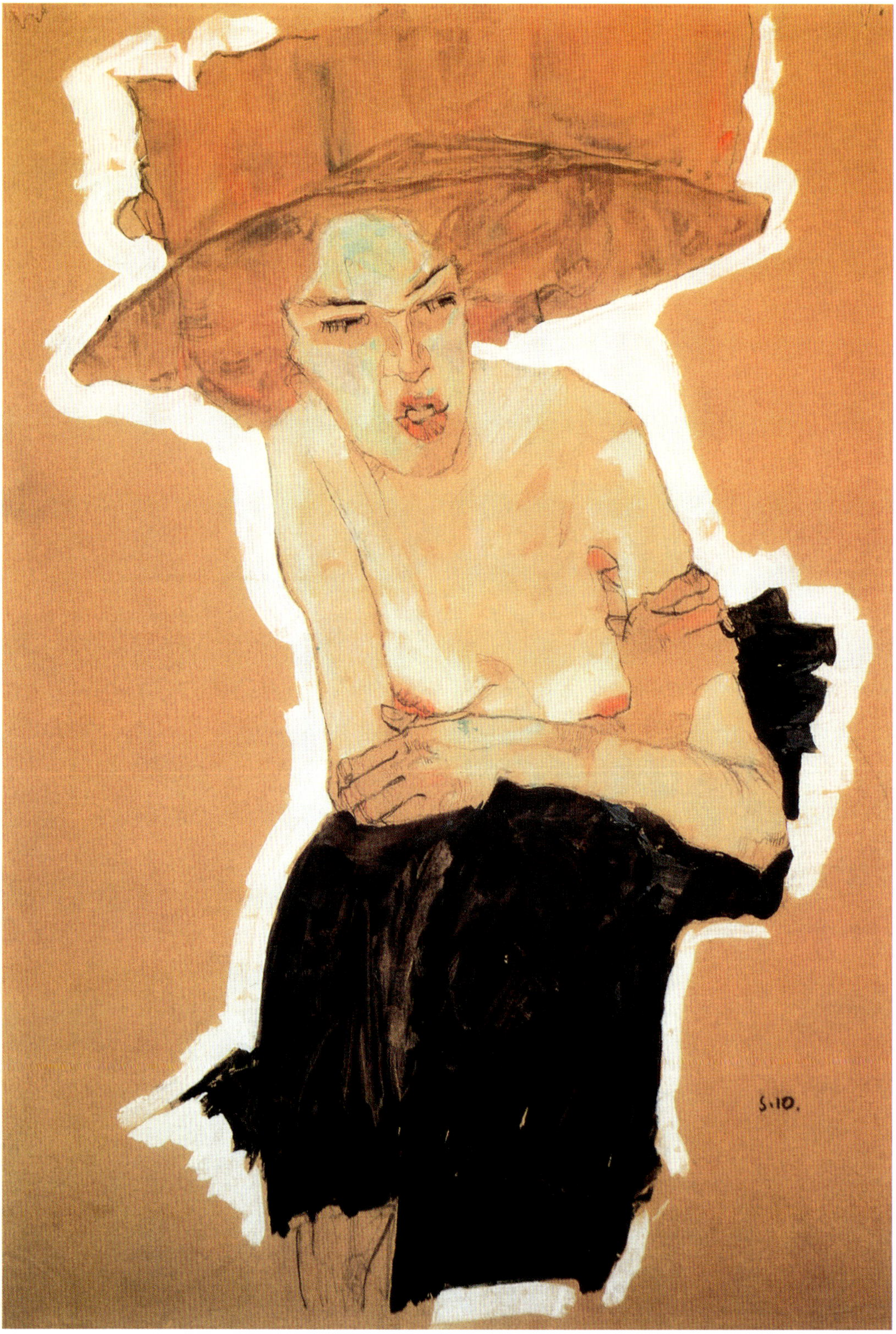
S.10.

表現手段としての人物像

1909年以降シーレは明確なクリムトの美から徐々に離脱した表現方法を持つようになり、シーレのデッサンの熟達は偉大な師と仰いだクリムトをもためらいもなく気づかせる様式を発展させていった。シーレがクリムトと個人的に初めて出会ったのは多分1910年であった。その時彼はクリムトとデッサン画の交換を成し遂げた。「クリムトのデッサンの1枚と自分の何枚かのデッサンを、その際無邪気にも交換したいと提案した。クリムトはこう応答した。『何のために交換したいのかね?君の方がよっぽど上手に描くと思うが...』クリムトは喜んで交換に応じ、また何枚かのシーレのデッサンを買いあげた。シーレにとって、デッサンの交換は誇りであったと同じほど、クリムトにデッサンを買い上げてもらえたことはうれしいことだった。」クリムトの素描は、それらがある決まった瞬間のポーズのときも、人物の体位がしっかり留まっているときも、いずれにせよ輪郭の中に完結していた。それらは柔らかく流れるような輪郭線の上に全体像としての肉体を固定していて、はかないものはみじんも持ち合わせていなかった。シーレの素描の線は、それに反して脆さと痙攣したような様子を生み出していた。それらはよく折れ曲がり、ほとんどまっすぐには延びていなかったし、丸みもなく、常に中断していた。強調の仕方次第で強くなったり弱くなったりした。しかもシーレの素描の天才性を、疑り深い批評家達すら認めざるを得ない程、彼の素描は完璧で修練されていた。

ハインリッヒ・ベネシュは観察の結果からシーレの仕事のやり方やデッサンの熟練性をよく知っていて、こう力説していた。「シーレがフォルムと色彩において我々に与えるものは、彼以前にはなかったものだ。彼の素描芸術は驚くばかりだ。彼の腕の確実さはほとんど完璧である。デッサンの際には彼は低いスツールに腰掛け,膝の上に画板と紙をのせ、右手を画板の上に置き描いた。また別の描き方は、モデルの前に立ち、右足はスツールの上に折り曲げのせていた。画板は右膝の上に置き、左手で画板の上端を固定していた。鉛筆は自由な手さばきで紙の上を斜めに、肩の関節から抜け出るように、彼の線は引かれていった。すべては正しくしっかりと描きこまれていった。たまたま何かうまくいかないことがあると、そんなことはめったにないのだが、描いた紙を投げ捨てた。消ゴムなど決して使わなかったのである。シーレは実物をモデルにしてのみ制作した。大半は輪郭だけで、その後彩色することによって初めて高度な立体感がでてきた。彩色はいつもモデルなしの記憶にだけたよってなされていた。」

ベネシュはシーレの技能的な能力を目の前に見えるように記述しているが、こ

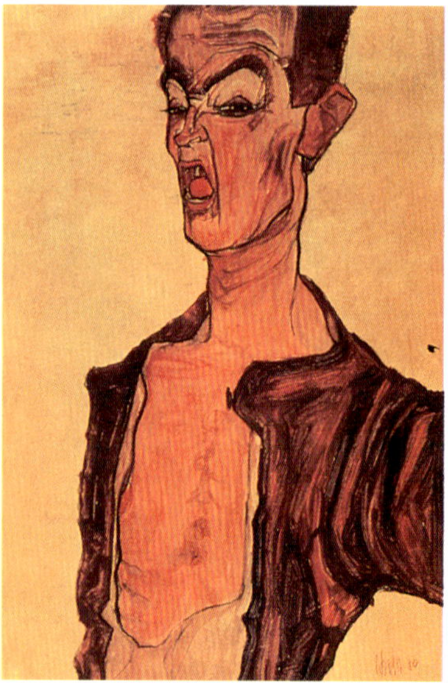

しかめっつらをする男(自画像)、1910年
Grimasseschneidender Mann (Selbstbildnis)
グァッシュ、水彩、木炭、44×27.8cm
Private collection

軽蔑する女、1910年
Die Hämische
グァッシュ、水彩、木炭、白のハイライト、45×31.4cm
Private collection

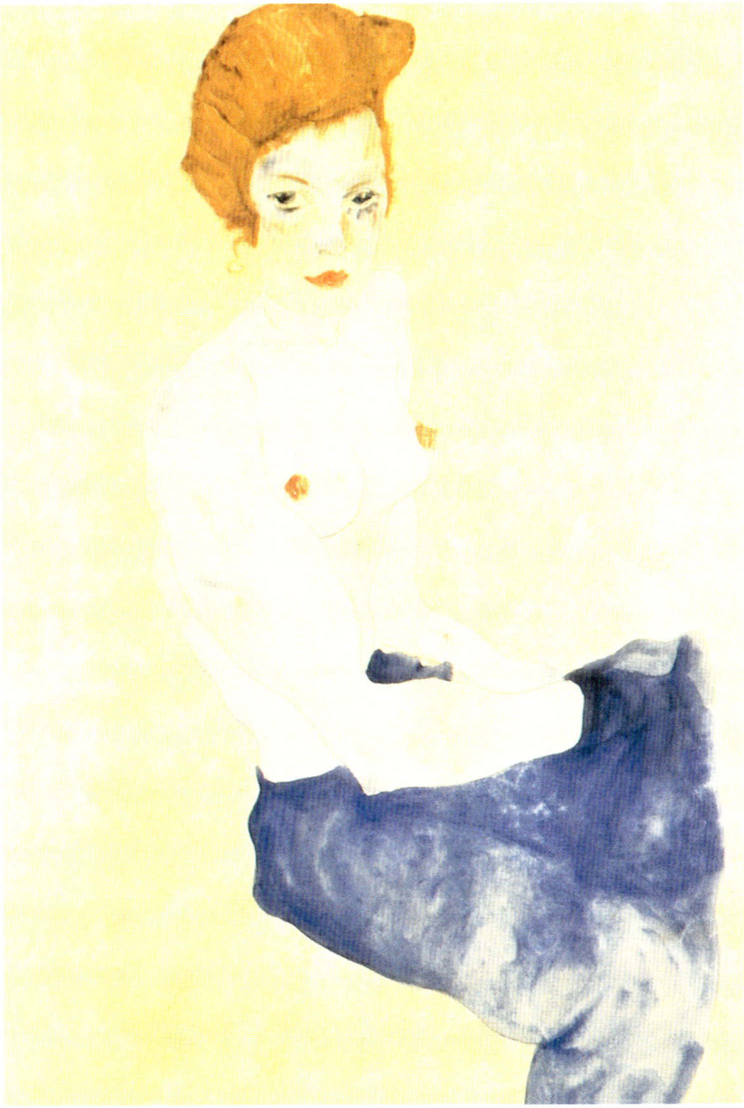

座る少女、1911年
Sitzendes Mädchen
水彩、鉛筆、48×31.5cm
Den Haag, Haags Gemeentemuseum voor Moderne Kunst

の方法やアトリエでのやり方がシーレのモデルに対する芸術表現に与えた影響については何も言っていない。特に彼のエロティックなデッサンに関して、これは根本的な重要性を持つ問題であって、最終的にはシーレの芸術が、クリムトと同じように、のぞき見趣味的芸術かどうかということを決定させる問題なのである。

まず印象的なのは、人物像が現れている位置に対して理由付けとなるような、通常の遠近法をシーレが放棄しているということである(p.10)。徹頭徹尾、反伝統的、そして完全に主観的であるべく、シーレは人物が歪み、引きつり、デフォルメして見えるような角度や見方を工夫している。シーレの水彩やグァッシュがエキセントリックなのは文字通りその多くが本来的な意味で「中心を外れた」ものとなっていることにもよる。必ずしも主題の問題、裸体をさらけ出しているからではない。

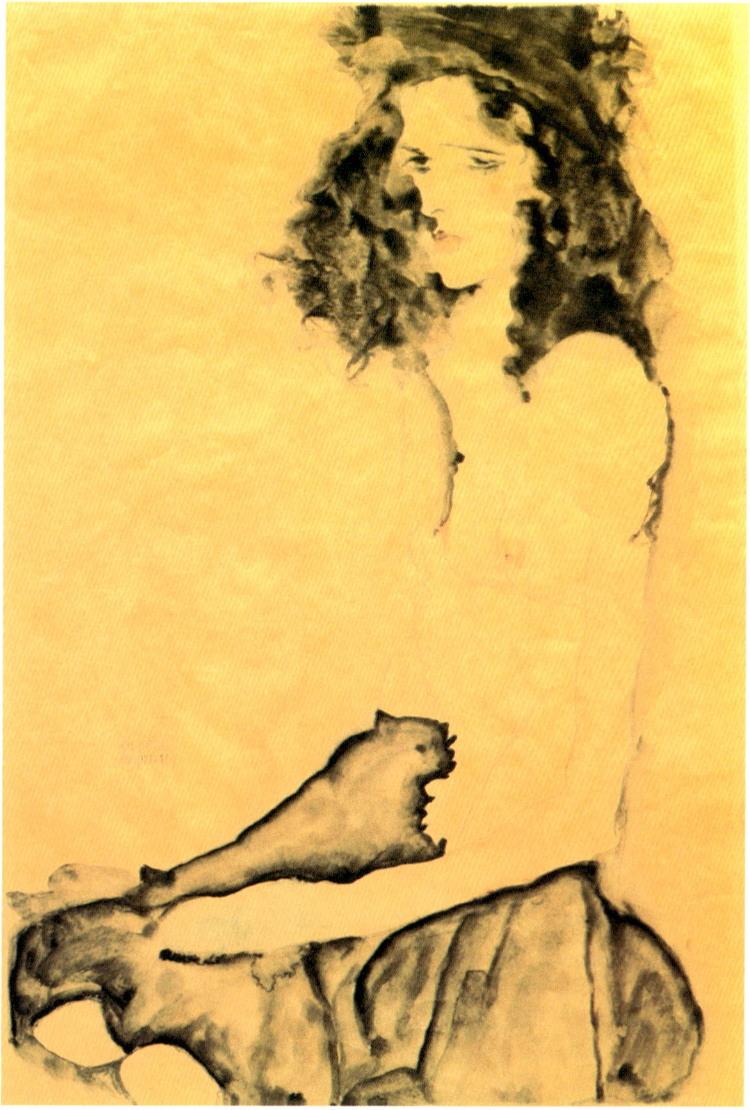

黒い少女、1911年
Schwarzes Mädchen
水彩、鉛筆、45×31.6cm
Oberlin(Ohio), Allen Memorial Art Museum,
Oberlin College, Friends of Art Fund

形式的に言えば、それはシーレが人物像を絵の中心から少しずらせ、真正面からあるいは全体を見るということがめったにないということによっているのである。シーレの視点は多種多様であり、馴染みのない異質なポーズ、風変わりな動き(p.12)を生み出している。従来の知覚方法をかき乱すというシーレの癖が解っていれば、シーレが時には踏み台からモデルをデッサンしたり、モデルの真上から見ることもあったというベネシュの記述を読んでも驚きはしない。

この視点のユニークさは、シーレの意図に関わるものを暗示しており、クリムトとの比較を念頭におくことで、シーレの意図をより明確につかんでいけるようになる。クリムトの裸体の少女達を見ていると、他に誰もおらず、まるで誰からも見られていないかのように思える。あからさまな欲望を示すポーズでくつろぎながら、普通は

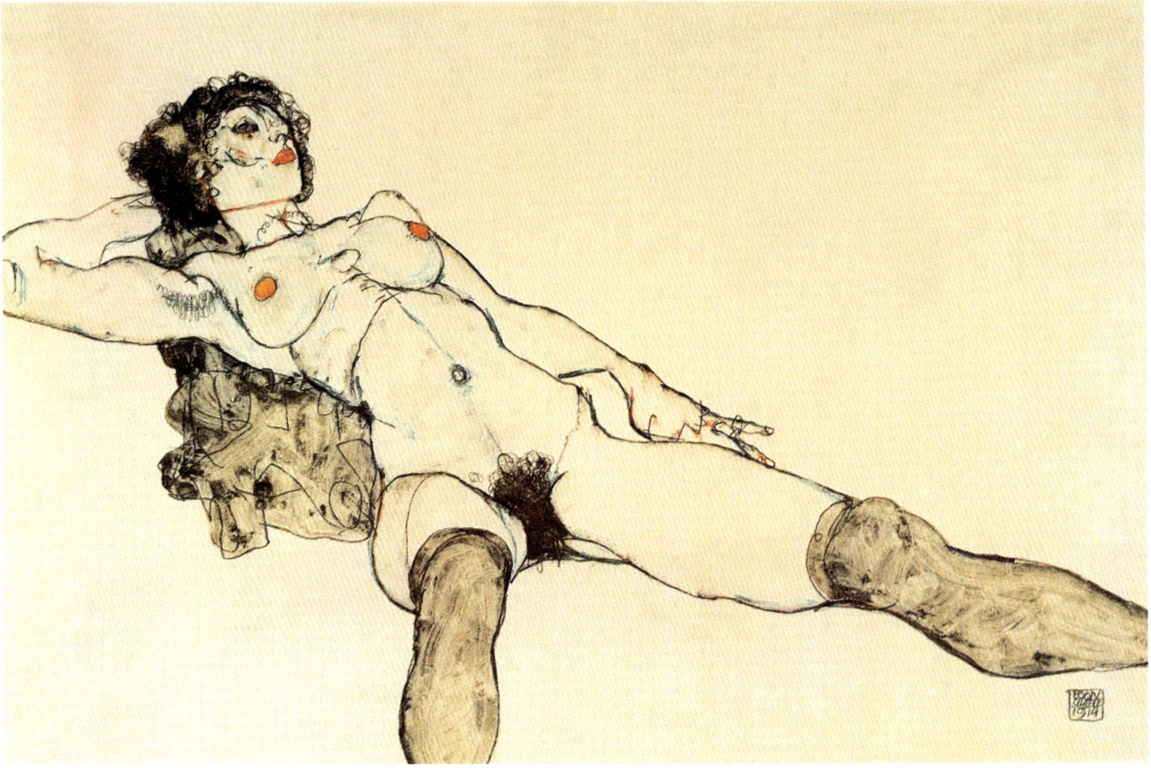

足を広げた横たわる裸婦、1914年
Liegender weiblicher Akt mit gespreizten Beinen
グァッシュ、鉛筆、30.4×47.2cm
Wien, Graphische Sammlung Albertina

男性の幻想世界であるような自己性愛的、白昼夢にひたっているようでもある。だからこそこうした裸体を見るとき、のぞき趣味の性倒錯者になるのだ。人はプライベートな世界に入っていくのであり、視点を意識していないものを見るわけだが、それでもなおこっそりした目につかぬ見物人であり、欲望を悟られずにいることができる。一方、シーレの作品では、似たような裸体が画家によってアレンジされ、画家の見方に従ったポーズであるという印象を与える(p.36)。この目はクリムトの場合にそうであるような、詩人ペーター・アルテンベルクが言った「理想的な快楽の器官」ではない。それはむしろ、モデルを荒々しく裸にし、露わで無防備な姿とする、強制的なポーズへの確かな目撃者なのである。そうした身体がリラックスしていることはまずない。たいていアクロバット的とも言える形でねじ曲げられ、人前にさらされ捧げられる。シーレは、隠喩的に言うと、視覚の実験室にある手術台にモデルを縛り付け、鉛筆で思うままに解剖しながら、冷静な視線でその標本を調べるのである。こうしてシーレの作品の多くは、親しみや自分の世界にひたっているという感じはなく、隔絶し緊張しているように見える(p.45)。シーレにおけるクリムト風ののぞき趣味的な芸術に相対するものとして、わざとらしいポーズだけではなく、モデルの視線も挙げられる。その視線はまっすぐわれわれに向けられていることが多い。猥褻なまでの思い切った姿勢の強制に対して、1915年の結婚後唯一の彼のモデルだったシーレの妻エディットが(p.63)、タブーというものを知らない夫の要求を、永遠に満足させることができなかったというのは驚くにはあたらない。エディットはしばらくしてモデルの仕事をプロにまかせたが、ほっとしたのも当然である。画家のモデルというのは、世紀末社会の階級制度では売春婦に準ずるものとして位置づけられていたのであり、自尊心を保ったり、仕事を拒むといったぜいたくはほとんど許されなかったからだ。よく引用された例に、クリムトのモデルの場合、臨月の妊婦の状態にもかかわらず、むしろそれ故にモデルとして強制したというのがある。そのようなやり方はシーレにもあてはまる。彼は男性の裸体に対しても女性の裸体と同様に作為的に強引に扱い、彼のモデル達とのつき合い方は、日常の、アトリエの慣習の反映では決してなかった。とりすました頑固な道徳観念を持つ社会がシーレの裸体に対して攻撃をかけようというのは避けられないことだった。シーレの裸体は神話や歴史に現れるようなものではなく、とりつかれたように裸体を詮索することでしかないような、むき出しの攻撃的なものであったため、さらにまた、観る者に距離をおかせようとしないシーレのなじみの薄い、親しみにくい表現法のせいであったかもしれない。

シーレがポーズさせた裸体や道徳的観点からいえば、いかがわしい姿勢で(p.20)非常に若いモデルを無頓着に使ったことは結局、短い期間刑務所に拘留されるという1912年のノイレングバッハの事件に帰結した。1910年初めてシーレは友人エルヴィン・オーゼンと共同でアトリエを借りた。シーレは、後に義弟となるアントン・ペシュカに宛てて、この年に「逃亡」を企てている旨とウィーンに反感を抱いていること書き付けていた。「ペシュカ!僕はウィーンから出ていくつもりだ。それもまもなく。ここは本当に汚らしいよ。皆、僕に嫉妬心を抱いていて陰険だ。昔の仲間達は僕を間違った眼で見ている。ウィーンは影だらけで、街は暗い。すべてが受容的だ。僕は一人になりたい。ボヘミアの森に行ってみたい。5月、6月、7月、8月、9月、10月と。新しいものを見なければならないし、それを研究してみたいんだ。暗い水を試してみたい。音をたてて割れる木々を、野性の大気を見たい、苔に覆われた庭の垣根を驚嘆して見つめたい、どの様にそれらが生きているのか、若い白樺の林とその震える葉のざわめきを聞いてみたい。光、太陽を感じたい。そして青緑色の夕暮れの谷を満喫したい。金魚の輝きを感じ、白い雲が積み上がっていくのを眺めていたい。花々と語りたい。草地を、バラ色の心を持った人間を心を込めて見つめる。古い壮厳な寺院、小さな聖堂が何を語るのかを知り、止まらず、はるかな平地を通り抜けて円い丘へと走り去りたい。大地にくちづけし、柔らかく温かい苔の香をかぎたい。そうすれば、僕はきっとすべてを美しく形作れるだろう。色彩溢れる原野を...」

クルマウに滞在中は、とりわけ自身の裸体画とオーゼンの裸体画(p.48、p.49)の作品群が生み出された。「色彩溢れる原野を形作ること」への詩的な思慕は何年か後の芸術的造形度の高い何枚かの風景画に表れることになる。1911年にも彼はクルマウの家に再び引っ越してきている。その際はクリムトの元モデルで、その後何年かはシーレのモデルとなったヴァリー・ノイツィールを連れだって。しかしヴァリーとの自由な同棲生活とまだ若き乙女の淫らな素描のためすぐにクルマウから出ていくはめになった。シーレはまだ「死の街」ウィーンに対抗する心の均衡が必要であったから、同じ年ウィーンの西方に位置するノイレングバッハに再び住居を変えた。彼はそこで緑に囲まれた格安な家を見つけたのだ。

叔父で元後見人レオポルト・ツィハツェックとコレクター、オスカー・ライヒェル博

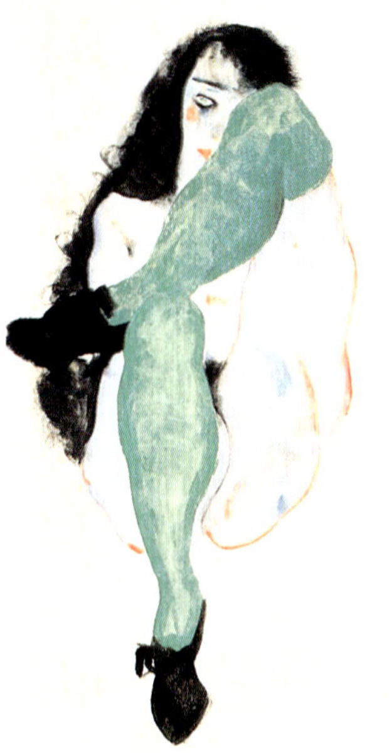

緑の靴下をはいた裸婦、1912年
Weiblicher Akt mit grünen Strümpfen
グァッシュ、水彩、鉛筆、48.2×31.8cm
Private collection

図版38/39ページ
腹ばいに横たわる裸婦、1917年
Am Bauch liegender weiblicher Akt
グァッシュ、黒チョーク、29.8×46.1cm
Wien, Graphische Sammlung Albertina

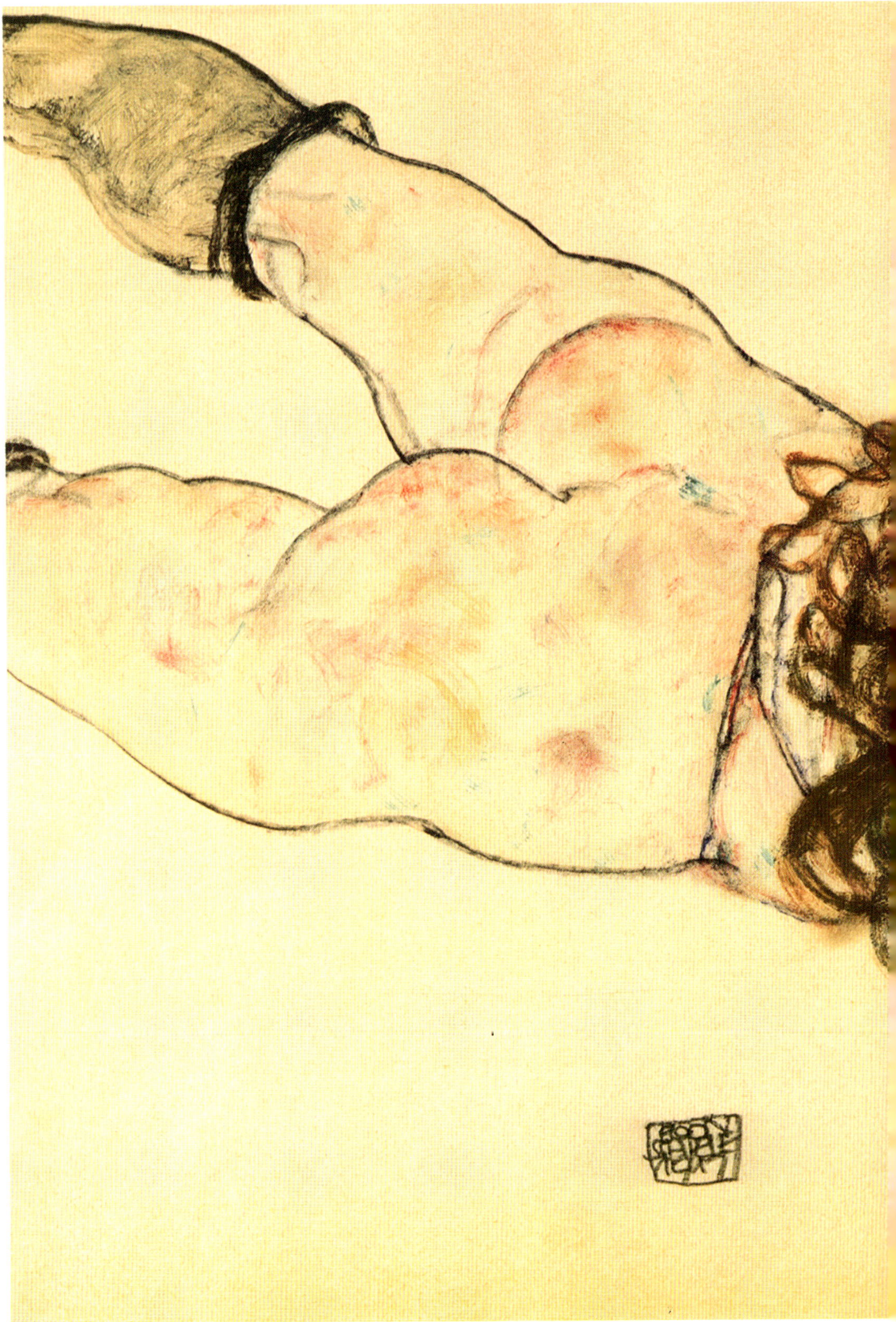

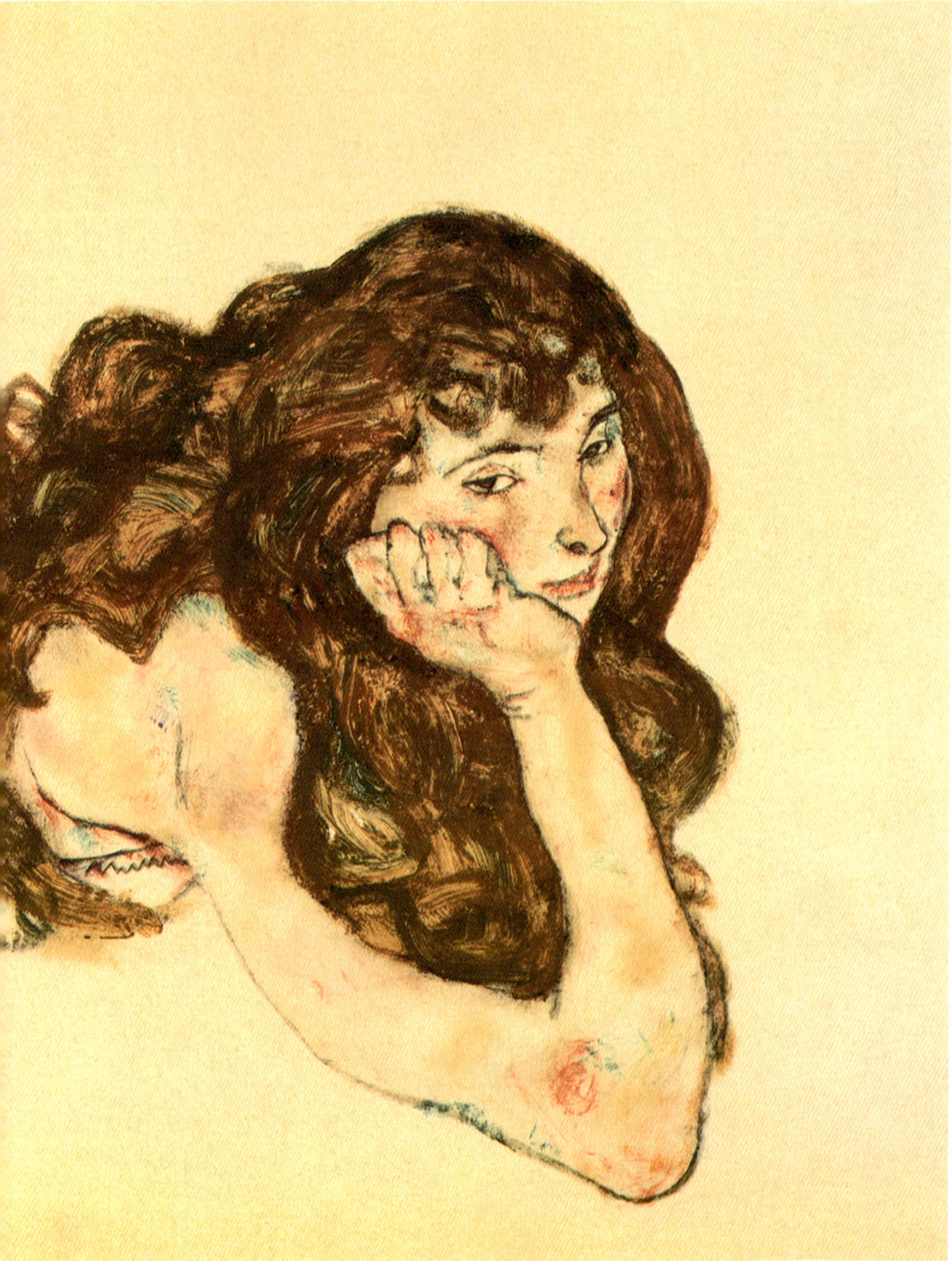

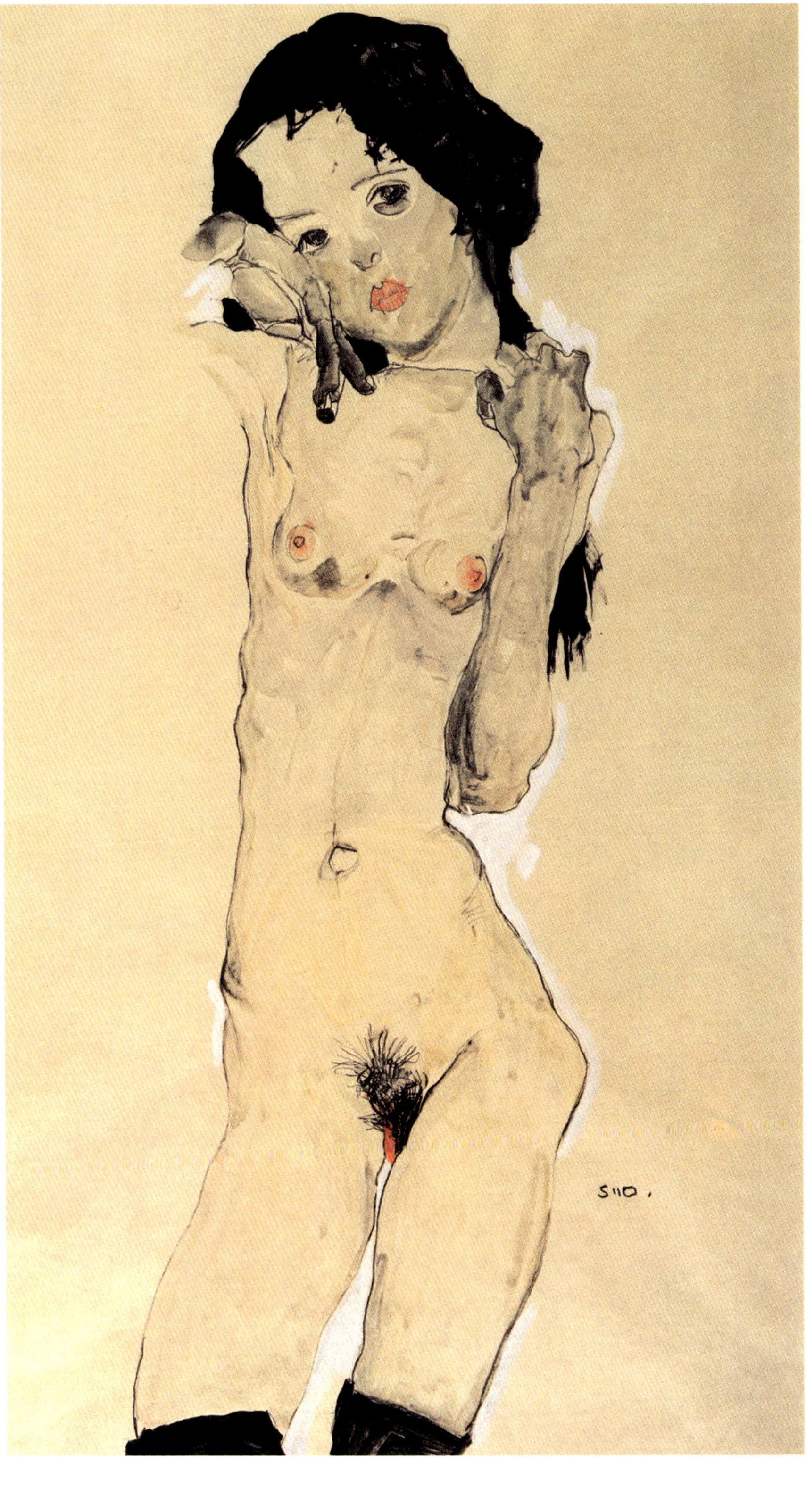

士に宛てた手紙に、シーレは芸術や芸術家としての存在は全ての誤解と「俗物」の攻撃に対して抵抗力があるように思えるといった唯物論的な「生の哲学」を発見したと書き送っている。彼は自惚れと受難者の混じりあったような警句を書いた。「(中略)芸術家はいつまでも生き延びていかなければなりません。偉大な画家は人物像を描いていたといつも信じています。(中略)私は身体から放射する光を描いているのです。エロティックな芸術作品にも聖なるものがあります。(中略)ただ一枚の『生き生きとした』芸術作品は芸術家の不滅を十分なものにします。(中略)私の作品は寺院のようなところで展示されなければなりません。」

しかしエロティックな芸術の聖化は、1912年4月13日、ノイレングバッハでの逮捕という事実を防ぐことができなかった。デッサンは没収され、また未成年者の「誘拐」と「恥辱」の罪で起訴されザンクト・ペルテンの地方裁判所に連れて行かれた。3週間の取り調べの拘束期間後、不道徳なデッサンの流布という理由で3日間禁固の有罪をシーレは言い渡された。ベネシュによると「不道徳」の非難は次のような背景があるとされている。「子供達をモデルにしたデッサンを描き終えるやいなや、モデルの学校仲間の一団の少年や少女達がそこら中を遊び回るのをシーレは好人物ぶりで堪え忍んでいた。シーレは本当に素晴らしい彩画を描きあげて、それは上着だけをつけたとても若い少女の絵だったのだが、その絵を壁に鋲で張り付けた。純真ではない子供達がその絵についてヒソヒソ話をし、喋ったものだから、告訴という事態になってしまったのだ。この美しいデッサンは法廷後処分されてしまった。」

この話は1922年、シーレの死後4年後アルトゥール・レスラーによって『獄中のシーレ』という題名で出版された。信頼性の高い一人称形式で書かれたこの本は、誤解された芸術家のロマンチックなイメージを作ることに貢献した。しかし、レスラーの描写はかなりでっちあげが多く、刑務所で制作された13枚のデッサンに書き込んだシーレのテキストをもとに、その言葉をまるで口述を再現したかのように取り扱ったということは周知のことである。いずれにせよ、これらの文章は誤解されたシーレのの英雄的反抗心を示すものとして確かにふさわしいものだった。水彩画の何枚かにはシーレは自分自身を皮と骨ばかりに痩せ衰えた丸坊主の犠牲者として描いていて、恐怖でいっぱいの苦しめられている身振りに監禁と疎外の恐怖感を反映させ、呪文のように「真実」という言葉を繰り返している。「裁かれているのではなく、清められているように感じる」と1枚のデッサンに書き込んでいる。また別のものには「芸術家を拘束することは罪悪である。それはつぼみのうちに生命を奪うことだ」、また「私は芸術と愛する人達のために喜んで耐えよう」(p.52-p.55)と。

構成的にはノイレングバッハで描かれた一連の作品は、シーレの好みの対象物としての自己を描いた表現上の実験における極端な例として見ることができる。それらにはわざとらしく演出されたポーズと、たいていの場合は極度に誇張した身振りと動作の得意な表現法が表されている。特徴的なのは、そのような表現の切迫感は女達を描写する際にはそれほど強調されていなくて、もっと他の方法で表されているということである。

これらについては、シーレがよく使う表現の特徴なのかそれとも何かあるインスピレーションの源泉を受けていたのかという疑問が起こる。謎めいた動作を言語

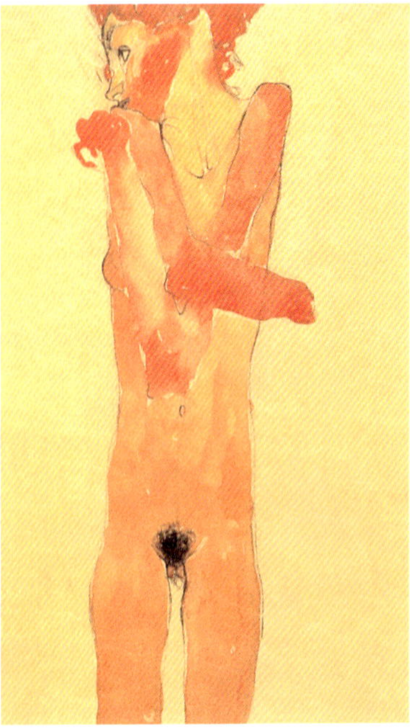

腕を交差させる少女の裸体(ゲルトルーデ・シーレ)、1910年
Mädchenakt mit verschränkten Armen (Gertrude Schiele)
水彩、黒チョーク、48.8×28cm
Wien, Graphische Sammlung Albertina

黒い毛の少女の裸体(立像)、1910年
Schwarzhaariger Mädchenakt (stehend)
水彩、鉛筆、白のハイライト、54.3×30.7cm
Wien, Graphische Sammlung Albertina

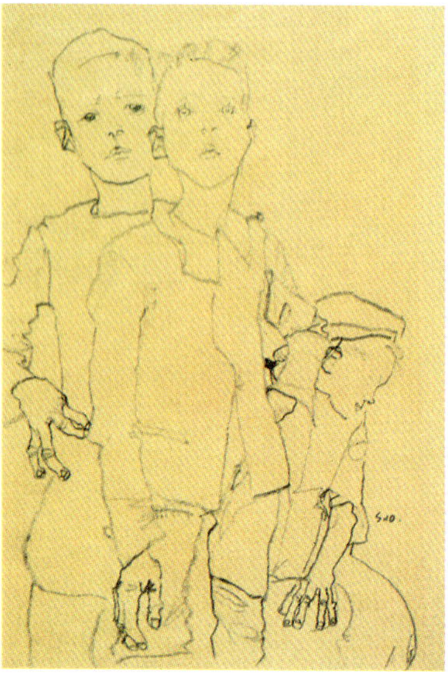

3人の街の腕白小僧、1910年
Drei Gassenbuben
鉛筆、44.6×30.8cm
Wien, Graphische Sammlung Albertina

的な記号として理解させる、そして特別な意味に関係づけることが可能な「身振りの文法」というものがあったのではないだろうか?

この画家の作品は無意識から引き出されたごく私的な「神話」に基づくという、最近のシーレ研究の解釈は別に新しいものではない。シーレの最もよき理解者であるとみなされているレスラーは既に1913年のカタログの序文に、「シーレとの個人的なつき合いも彼の絵画における謎めいた部分の解明への助言にはならないだろう」と書いている。シーレの芸術は「独白的で、ある意味では悪魔的」である。彼の作品の何枚かは「明るい幻影の暗い意識による具現」だった。シーレの人とあまり打ち解けない性質や、秘義や神秘への傾斜、教育知識と伝統的な象徴への拒絶を考慮すると、多くのことは謎のままであるしかないと認めざるを得ない。彼の人物像の身振りしぐさや顔の表情は不可解で測り知れないものでさえあるが、それでも他の文化の現象とある種の特質を共有していたり、他文化に感化されていたということも考えられるのである。

様式化された表現物に対するシーレの一般的な興味という点で最初のヒントを含んでいるものにレスラーの説明がある。レスラーはシーレのエキゾティックな物への、とりわけジャワの影絵人形への偏愛を記述している。「彼は何時間でも疲れもしらず、一言も喋らずにこれらの人形と遊ぶことができた。驚いたことにシーレは最初から人形の細い動く棒を操ることができた。私は彼を喜ばすために、たくさんのジャワの影絵人形を壁にかけたのだが、彼は手に汗を握らせるような横顔の悪魔のグロテスクな物を選んだ。それらからシーレは刺激を受けたのだ。オモチャだとはいえ、徹底的な様式化と壁に映る影の魔法のような輪郭線が彼を魅了させた。『こんな人形でも我々の最高のダンサーより上手に踊ることができる。僕の赤い悪魔に対して、ルスは...』彼は有名なダンサーの名前を上げて『無器用な大砲』と言って、水牛の皮の悪魔の方を誉め讃えていた。このジャワの影絵人形は最後まで彼のお気に入りのおもちゃだった。」この有名なダンサーとは、別の友人、フリッツ・カルプフェンによると、シーレがそれどころか特別に尊敬していたルス・セント・デニスのことであった。だが「嫉妬深い」レスラーはこれを認めようとしなかった。いずれにせよ、多くの「表現物」は疑いもなく、パントマイムにしろ、表現舞踏にしろ、演劇的なものは全てシーレに強く影響を与えたことは確かだ。

世紀の転換点にダンサー、ルイ・フラーがセンセーションをまき起した。彼女の踊りはその後の時代に続くイサドラ・ダンカン、ヴィーゼンタール姉妹、マリー・ウィグマンあるいはルス・セント・デニスなどとは比べものにならなかった。アンリ・ド・トゥールーズ=ロートレックがリトグラフにフォリーベルジェールのルイ・フラーを描き表しているが、なぜ彼女が「色彩の芸術家」と名付けられたかが解る。彼女の踊りの魅力は「手足の動作にではなく、多様な光が飛び散る折り目のたくさんあるローブの跳躍にある。彼女が提供するものは選り抜きの享楽であり、しかしまた蛇の踊りの成功は踊り自身にではなく、照明芸術家に感謝すべきものなのだ。」彼女の踊りは印象主義の世界に完璧に見合っていて、渦を巻くベールの踊りで美しいアール・デコの前時代の趣味を提供した。

20世紀の初頭には新しい舞台のプリマドンナ、イサドラ・ダンカンが現れた。マックス・フォン・ボーエンは辛辣に彼女を「踊るお節介やきのオールドミス」と名付けていた。彼女の腕と足の動きを「蠅とり」にたとえ、「しつこく古い花瓶を吟味し

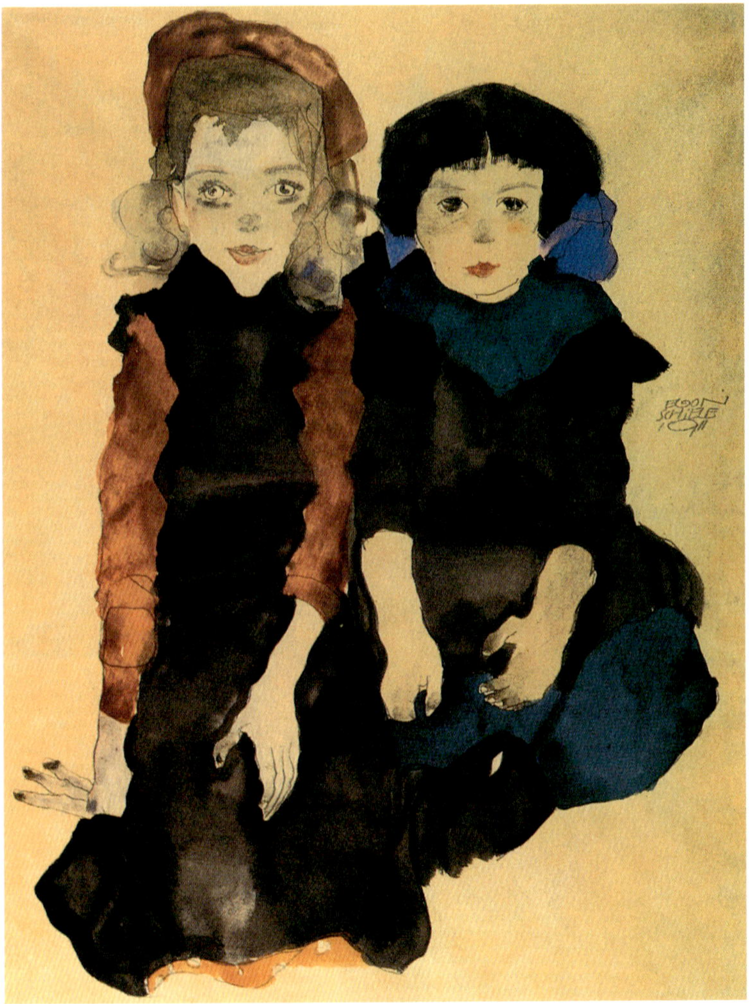

2人の少女、1911年
Zwei kleine Mädchen
グァッシュ、水彩、鉛筆、40×30.6cm
Wien, Graphische Sammlung Albertina

ているようで、全体性がなく、内面にみじんも生命を吹き込まない。」と評していた。批評家ルードヴィック・ヘヴェシーは彼女についての評論を書いた時、それほど辛辣ではなく、公平であった。「実際は踊りというものではない。むしろ身振りの動作だ。」いずれにせよ、イサドラ・ダンカンは身体芸術の分野に多大な役割を奪回した。なぜなら裸体の踊りが一番自然だと信じていたからだ。ダンカンの使命は、女性の身体と神聖性をさらに具現化していくことだった。ヘヴェシーは他の文章で、ダンサーとしてのルス・セント・デニスの重要性を語っているが、その文章全体はエロティックな暗示にあふれている。「彼女の手首の関節のまれにみる才能と背筋の深い心情」にすっかり心酔していた。踊りには心底魅了されてこう書き述べている。「彼女は蛇を踊る。両腕で蛇のように自身を巻き付け、もがき、たわめき、結び付き、アラベスクのようにそり、傾きながら踊り続ける...」

この描写は立体的ではあるが、シーレがルス・セント・デニスに関して何をそん

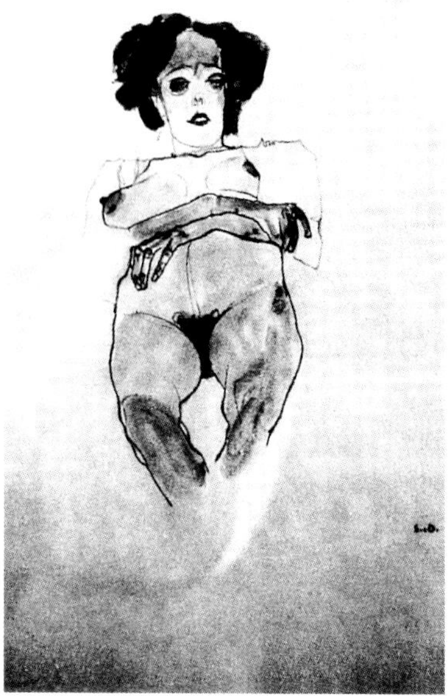

座る妊婦の裸婦、1910年
Sitzender schwangerer Akt
グァッシュ、水彩、黒チョーク、44.8×31.1cm
Private collection

裸婦、1910年
Weiblicher Akt
グァッシュ、水彩、黒チョーク、白のハイライト、
44.3×30.6cm
Wien, Graphische Sammlung Albertina

なに崇拝していたのか漠然としたものを示しているに過ぎない。感覚に訴えるのに言語を必要としなかったのは、おそらくそのアクロバティックな動きであったかもしれないし、秘密めいたエロティックのせいであったかもしれない。しかしこれらの踊りとシーレの独特な表現芸術の間には相違がある。つまりシーレの場合には、作為的で象徴的なほのめかしや、動きにおける淫らさというものがない。角張った身振りと空虚な表情を顔に浮かべ、ほとんど病的といえる状態に向かっているのである。

これらの前提のもとに次のような3番目の着想がある。それは精神異常者との体験に基づく。精神異常者の病理学的な表現法へのシーレの興味はエルヴィン・ドーム・オーゼンともミーメ・ファン・オーゼンとも自称していた友人のエルヴィン・オーゼンによってもたらされた(p.48)。オーゼンは医師のコンフェルト博士に依頼され、シュタインホフの精神病院で、肖像画における病理学的な表現という講演のために、精神患者のデッサンをしたことがあった。数少ない情報しかないが、オーゼンはかなり奇人であったらしい。彼はシーレと同様、1909年に結成した〈新芸術家集団〉のメンバーであった。生活の糧は劇場の舞台装置制作などにより得ていたが、シーレにはかなりの期間多大な影響を与えたと思われる。しかしシーレの奨励者や後援者はオーゼンについて軽蔑の意を表明していた。レスラーは彼を「堕落天使」とまで呼んでいた。オーゼンの熟練した身振りの表現能力を自由に駆使するその才能は寄席演劇への出演などで証明されていた。オーゼンは私生活でもカフェなどでも、目につく衣装をまとい、風変りな身振りを披露していた。それは幾つかの描写でシーレがわけなく描き表している(p.49)。オーゼンのエキゾチックな恋人モア、エジプト的な雰囲気を持った踊り子で、シーレも惚れ込んでいたようだ。オーゼンの影響力がどのくらい過大だったかは判断するのに難しいが、オーゼンの仰々しい性格と容姿にはシーレの人物表現との間違いない類似性がある。しかし、二人の最も大きな接点は、病理学的な表現への興味ということであった。

こうした興味はちょっと奇妙に思えるかもしれないが、芸術的伝統のひとつでもある。たとえば18世紀には、ウィリアム・ホガースやフランシスコ・ゴヤと並んで、彫刻家フランツ・クサーヴァー・メッサーシュミットが、まさに病的なものに匹敵する表情の誇張によって表現した「胸像」シリーズを制作していた。長い間メッサーシュミットは「狂心的」と思われていたが、それは様々な表情を記録しようという芸術家だったという事実を見のがした判断である。グロテスクで病的なまでに従来の観相学的規範の実験的広がりをめざして、規律と抑制を必要とする試みであった。シーレもこうした胸像をウィーンで見かけ、刺激を受けたということはあり得ることだ。19世紀では1822から23年にかけて制作されたテオドール・ジェリコーの《気のふれた人さらい》あるいは1834年のヴィルヘルム・フォン・カウルバッハの《気違い病院》を例に挙げることができる。19世紀の画家達は、顔の表情に刻み込まれた精神状態の特徴を定着させ、再現するモデルとしての犯罪者や精神異常者の選択に事欠かなかった。

19世紀の実証主義的な医学の発展は、精神の真実への探求、また性格と観相学との関連への追求を、立証可能な実験を行なうことができれば、科学的な歩みへ位置付けることができると信じていた。事実その発達によって、科学的で

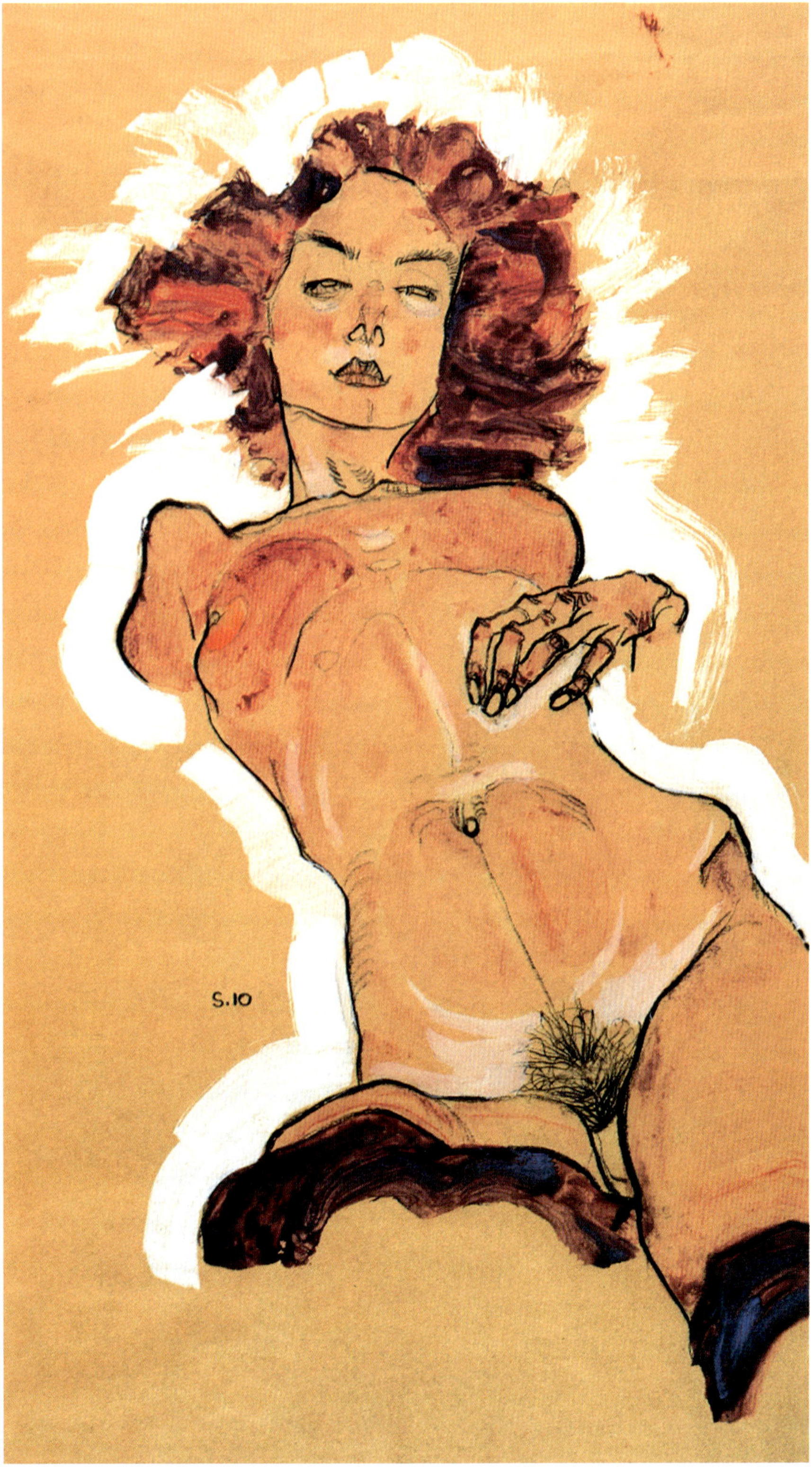
S.10

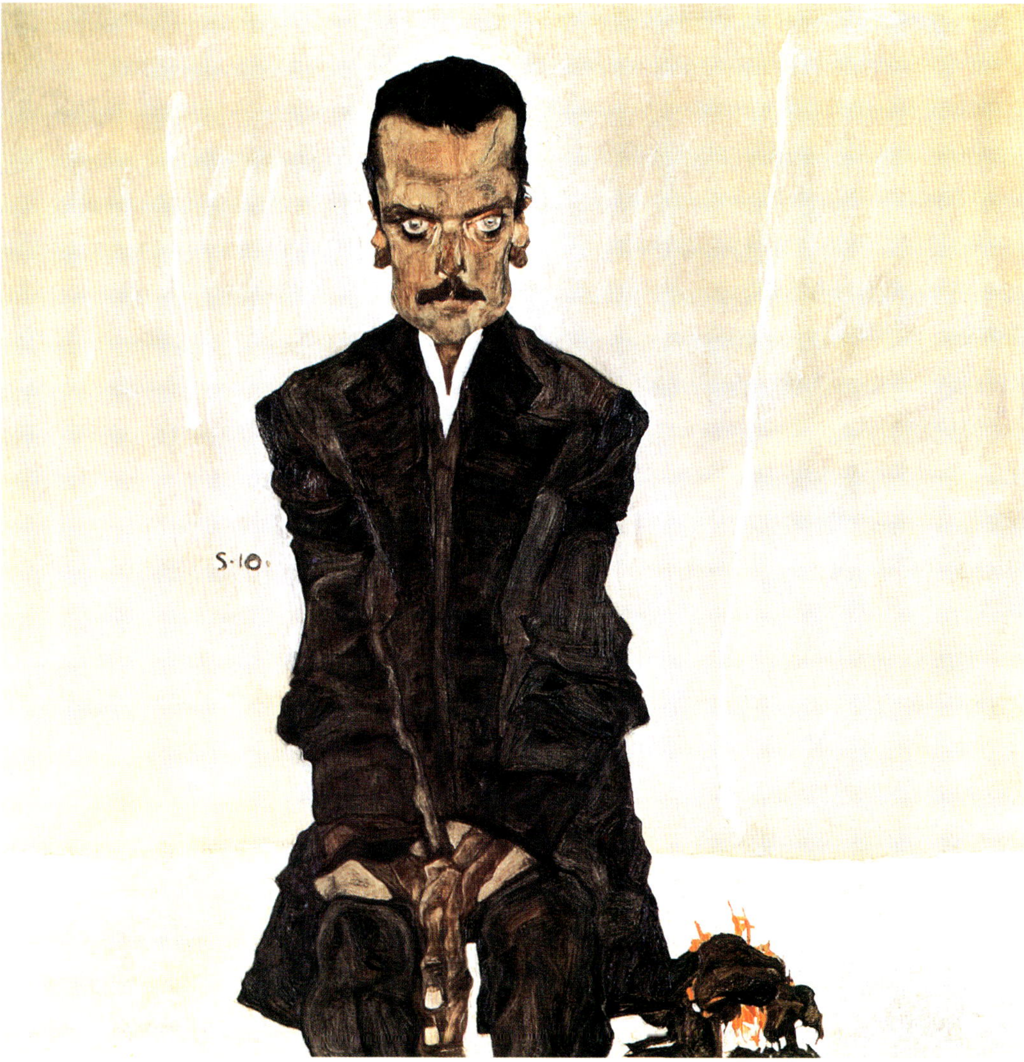

エドゥアルト・コスマックの肖像、1910年
Porträt Eduard Kosmack
油彩、キャンバス、100×100cm
Wien, Österreichische Galerie

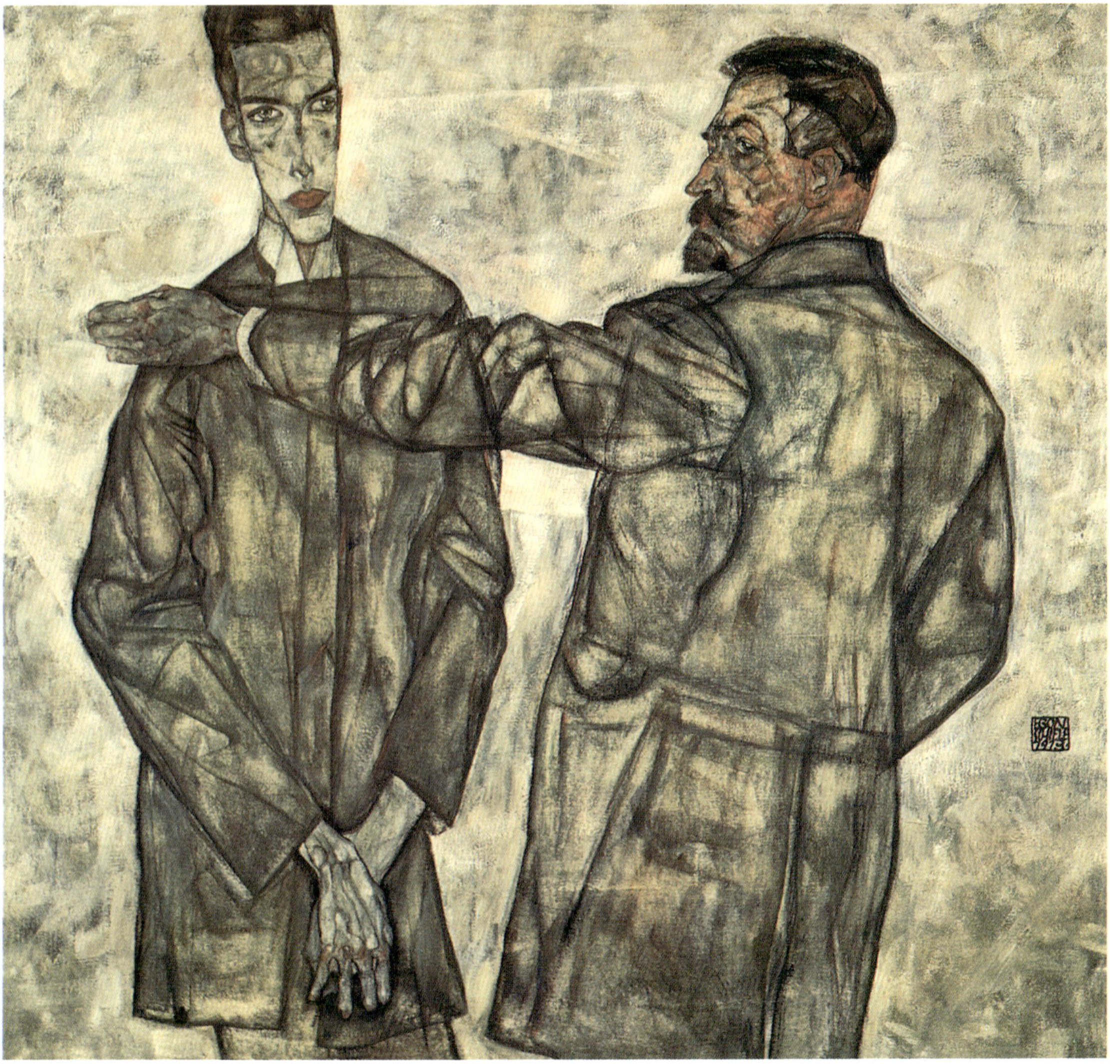

ハインリッヒとオットー・ベネシュ(2人の肖像画)、1913年
Heinrich und Otto Benesch (Doppelporträt)
油彩、キャンバス、121×131cm
Linz, Neue Galerie der Stadt Linz,
Wolfgang-Gurlitt-Museum

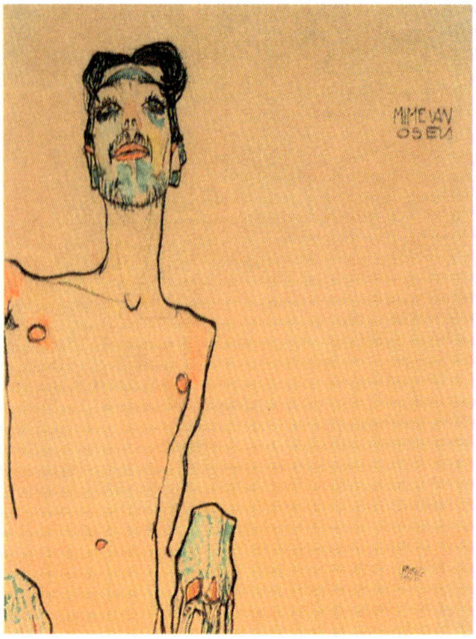

ミーメ・ファン・オーゼン、1910年
Mime van Osen
水彩、木炭、37.8×29.7cm
Graz, Neue Galerie am Landesmuseum Joanneum

ソフト帽の男の肖像(エルヴィン・ドミニック・オーゼン)、1910年
Männerporträt mit Schlapphut (Erwin Dominik Osen)
水彩、黒チョーク、45×31cm
Private collection

吟味された実験を試すことで確かな歩みを確立することができた。デュシェンヌ博士が発表した2つの論文のうちの1つ『観相学のメカニズム』(1862年)には、チャールズ・ダーウィンが驚きをもって書き残しているように、「顔の筋肉の動きの電気的分析を報告し、見事な写真で解説されていた。」ただし、「デュシェン博士は精神の動揺の影響のもとに何故ある筋肉だけが収縮し、他の筋肉は一緒に収縮しないかほとんど説明しようとしていない」という点を彼は指摘している。その後ダーウインは1872年にイラストつきででたドイツ語版の『情緒の表現』の中に自分の解釈を試みた。こうしたことがオスカー・ココシュカやシーレの実験的な造形法に関連したかどうかは、今後の研究を要する。

有名なパリの神経学者ジャン=マルタン・シャルコの助手、ポール・リシェ博士による1880年代の素描群の場合にはこの関連性がもっとはっきりしている。その素描は明確に区別できる病理学的な段階と特徴を図式化している。その素描群からは、ウィーンの芸術家たちの表現ジャンルへかなり近づくかもしれない痕跡をたどることができる。このことは、シーレがすべてのあるいは多くの彼のモデルを、最終的には自分をも、ヒステリー患者とみなしたり、またはその兆候があるように故意にポーズを取らせたということではない。しかし、シーレのモデルやシーレ自身、定義しうるどのような激情にも関連づけられないような恍惚としたあるいは痙攣を起したような動き、またシャルコやリシェの「マネキン」とどこか類似性のある動きに向かおうとしたことには留意すべきである。「マネキン」とは、シャルコが研究、発表した気に入りの被験者であるオーグスティムを後に批評家がそう名付けたのであった。この表現は決して不的確ではない。シャルコ自身も自分の精神病院を「生きた病理学的博物館」と肩書をつけて呼んでいたのだ。そればかりか、シャルコが急進的なのは医者としての知覚の手段として目というものを大事にして、彼の心理学の研究に臨んだことだ。彼は科学者の真実の網膜として格上げされたつまりデッサンだとかカメラなどといった証明方法のもっともらしい客観性に信頼をおきすぎていたという傾向があった。シャルコは患者達の動作の美学や身ぶりの誇張に熱中していた。19世紀の中頃までヒステリー症状は医学的に未知な領域として扱われていた。「謎めいた病気の症状は確かめられる基本すらなかった。遺体の解剖も何の役にもたたなかった。シャルコは1882年以降パリのサルペトリエール大学で神経学科の講座を持っていた。彼はヒステリーは真剣に扱われる病気で、よくあるように詐病であるとか、芝居扱いされないよう証明しようとしていた。そして研究は催眠術療法の利用によってうまくいった。適度な暗示を通して男の患者達、女の患者達にも同様にヒステリーの麻痺状態が呼び出されたのだ。神経の障害によって起こるいわゆる精神的外傷性のヒステリーの症状にも同じような症状が現れた。ヒステリーの麻痺状態と収縮(関節の誤った位置)が心理的な精神的外傷の作用で最終的にはもとどおりに戻ったが、シャルコはそれを公表しなかった。」ヨーゼフ・ブロイアーと1885年にシャルコのもとで若い助手として学んだジークムンド・フロイトが初めて「ヒステリー発作の際、無意識の想像力の神経分布が問題である。」ということを突き止めていた。シャルコはその意見に反して、「ヒステリー症状の身体の表面に起こるどのような病理学上の生起もある表現に至る」、それ故に記録し比較する医師の眼差しが診断手段であるという見解から出発していた。フロイトはシャルコのことを予言者と名付けていた。

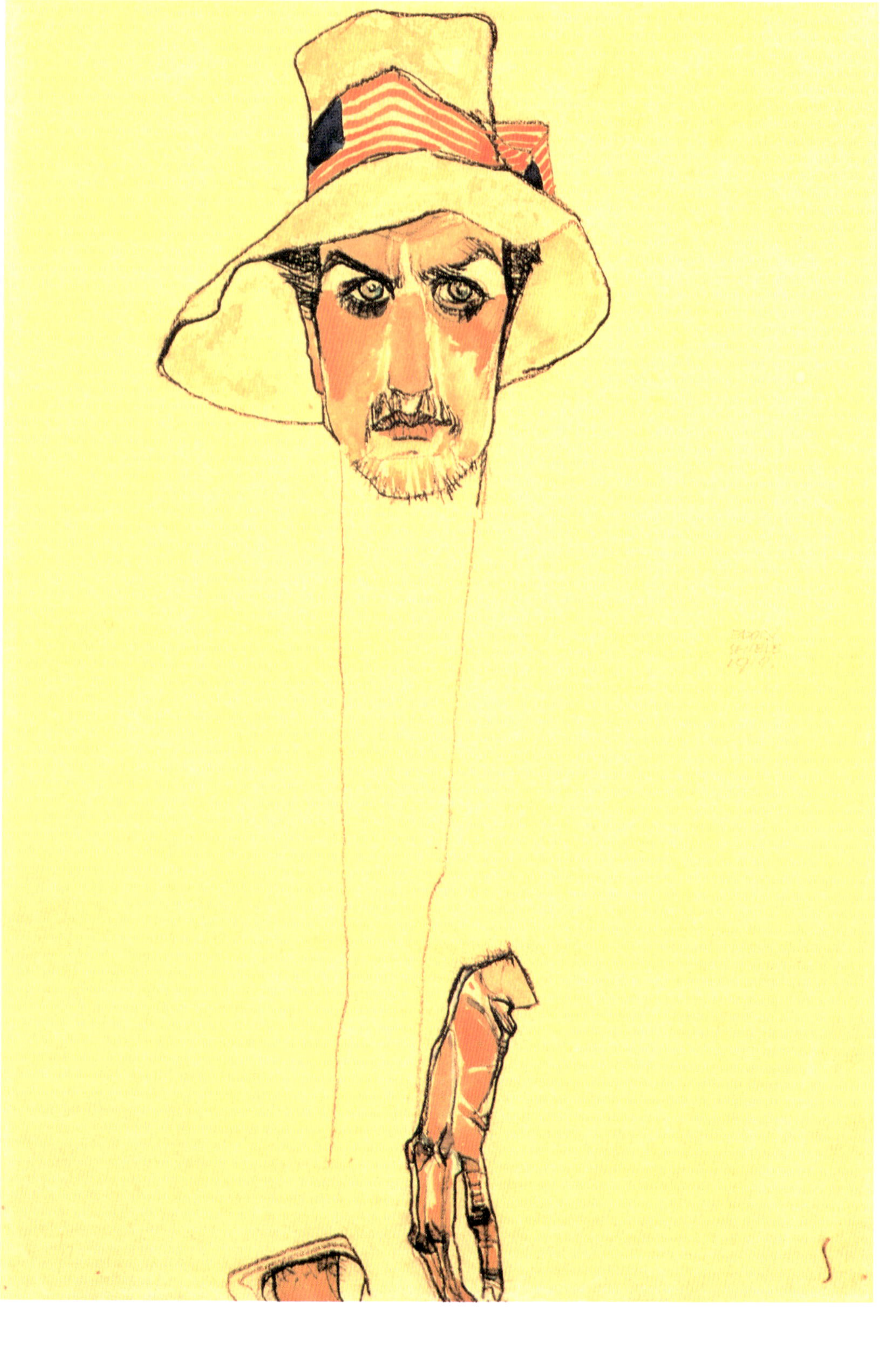

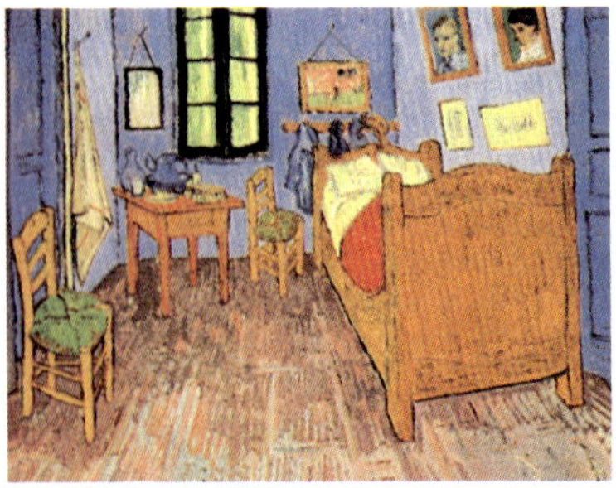

フィンセント・ファン・ゴッホ
アルルの芸術家の寝室、1889年
油彩、キャンバス、56.5×74cm
Paris, Musée d'Orsay

シャルコは、ヒステリー発作のある規則的な経過に気づいていて、それを4段階に分類した。1.てんかん。 2.道化的な特別な動きを見せない段階、いわゆるヒステリー症状に関連するアーチ状の背骨もその一つである。 3.激情的な態度を示す時期。 4.錯乱状態あるいはヒステリックな陶酔。この最後の段階はすべての発作の中で、最も劇的であった。無数の身振りやしぐさが、ヒステリー症状の幻覚を立体的なポーズに変えていった。これらはシャルコとリシェによって記録された図版と写真のシリーズに収められていて、ある種の人物像の文法書を作り上げている。この両医師は同じような現象が歴史的な絵画とグラフィックの世界にもあったのを、驚きを持って見つけ出した。狂気の図像学の研究の成果は1887年に『芸術の中の狂気』という本の形で出版された。この中にはルーベンスの《ロヨラの聖イグナチウスの奇跡》(1617年)というある狂気の描写が激しいヒステリー発作の例として見いだされる。ここでウィーンとの関係が次第にはっきりしてくるのだが、1901年の10月アルベルティーナでルーベンスの展覧会が行なわれた。ルードヴィック・ヘヴェシーによって語られ発せられた質問は「ウィーン分離派とルーベンス!どのようにしたらこの2つが結び付くのだろう?」であった。答えはこうだ。ルーベンスはノイローゼとヒステリーの驚くべき真実の現象を描写したのだ。そうでなかったらシャルコとリシェの本には取り上げられなかっただろう!

シャルコが、几帳面に目録制作と図式化した彼の患者の病気の「図版と写真」と芸術における狂気の歴史的例と比べ、類似を確認したとき、シャルコはヒステリーの象徴的な構造だけを誤解していたわけではなかった。シャルコはヒステリー患者の「表現発作」に美学的な対象物となるような兆候を見ていた。とりわけ「美しい」症例について語っていた。またこの2人の著者は美学化して記述している。「ヒステリーは病的な現象ではない。そうではなく最高の表現手段という観点から観察されることができる。」ヒステリーがある芸術に昇華され、ヒステリー患者が狂気のレパートリーの真の神経職人芸を表す役者になるのも、理由があってのことなのだ。シャルコの講義のほかにフロイトはサラ・ベルナールの公演も訪れていて、彼女のめったにない姿勢に言及していた、その女優は激しく感動的なしぐさと表現を帯びたポーズで有名だった。サラ・ベルナールは彼女の演劇で、高度な文化的な壮厳さを持って神経の芸術に、病的な現象の究極の激変をきわだたせていた。そんなに直接的でないにしても、ヒステリー患者のしぐさの言葉はまた演劇という身振りの行為を経て、創造の泉の例えになることができた。シャルコとリシェはヒステリー患者についての美学的な把握でその進展に多大な業績を残した。ルイ・アラゴンとアンドレ・ブルトンが彼らの雑誌『シュールレアリスト革命』に「ヒステリー50周年記念」という皮肉な感謝の辞を書き表した1928年3月、この発展は最高潮を迎えた。

広がった文化的な脈絡の中でこれらの事態を観察してみると、シャルコとリシェの狂気とヒステリーの表現現象を伴った図解と写真の研究が、19世紀までわずかばかり主題化された、ほとんど尊敬に値するものではなかった現象についての美学的な再評価のための兆候でだけしかなかったことは、悲観的なことではないだろうか。彼らの行為は病理学と非社会性の興味を科学的な側面から記録していった、文学ではシャルル・ボードレールやジャン=アルトゥール・ランボーやヨリス・ユイスマンが行なったことだ。

図版次ページ
ノイレングバッハの芸術家の部屋(私の居間)、1911年
Das Zimmer des Künstlers in Neulengbach
(Mein Wohnzimmer)
油彩、板、40×31.7cm
Wien, Historisches Museum der Stadt Wien

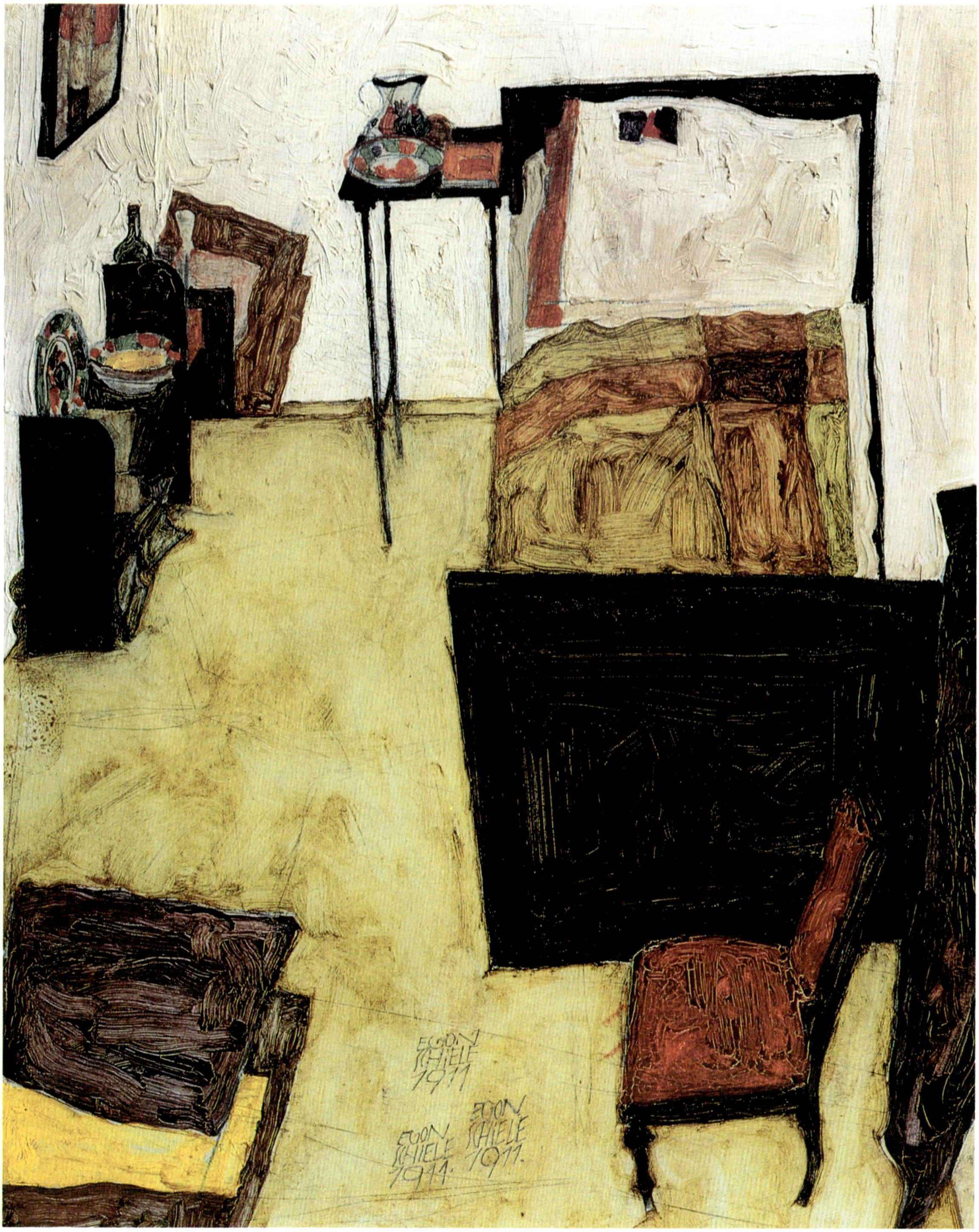
EGON SCHIELE 1911
EGON SCHIELE 1911.
EGON SCHIELE 1911.

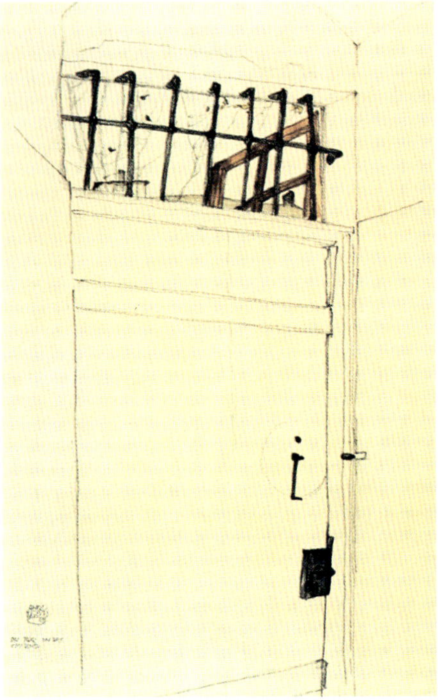

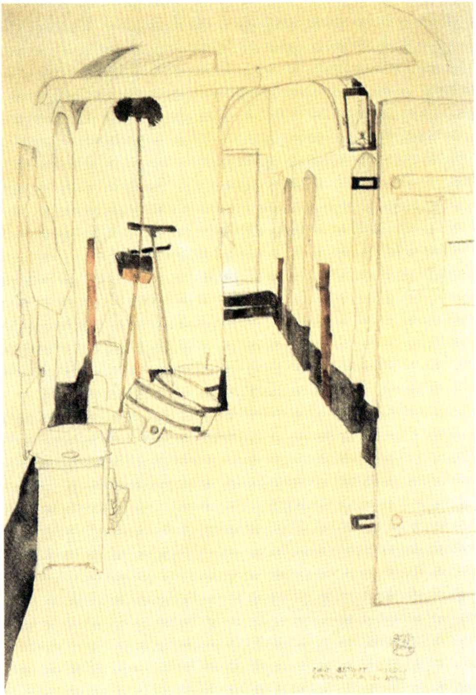

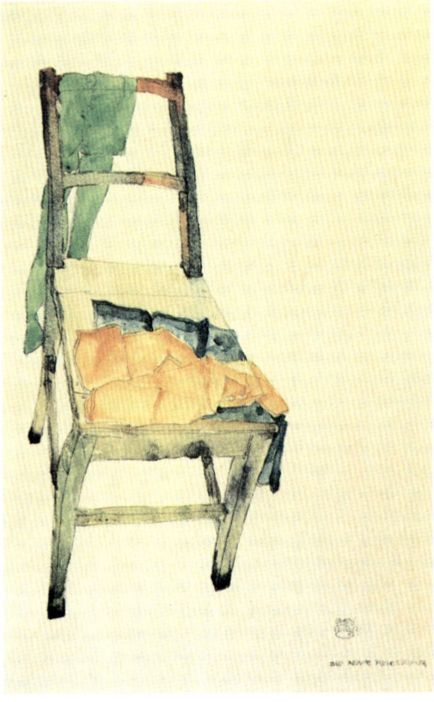

図版左上
開いている戸、1912年
Die Tür in das Offene!
水彩、鉛筆、48.2×32cm
Wien, Graphische Sammlung Albertina

図版右上
裁かれているのではなく、清められているように感じる、1912年
Nicht gestraft, sondern gereinigt fühl' ich mich!
グァッシュ、水彩、鉛筆、48.4×31.6 cm
Wien, Graphische Sammlung Albertina

図版下
2枚の私のハンカチ、1912年
Zwei meiner Taschentücher
水彩、鉛筆、48.2×31.7cm
Wien, Graphische Sammlung Albertina

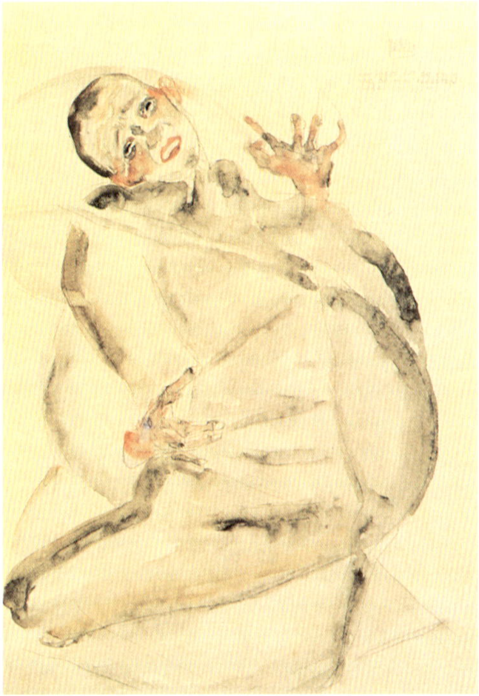

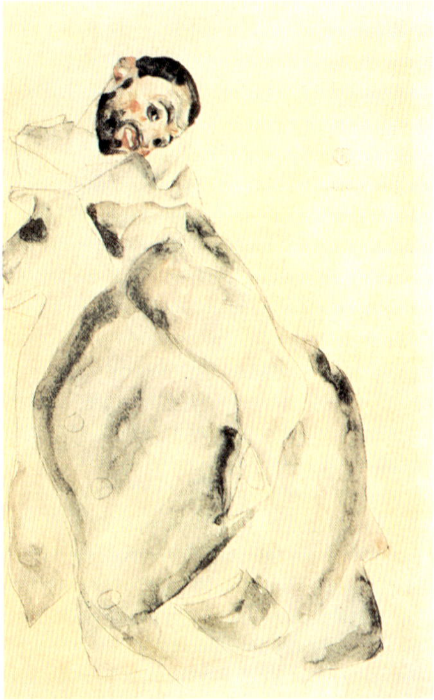

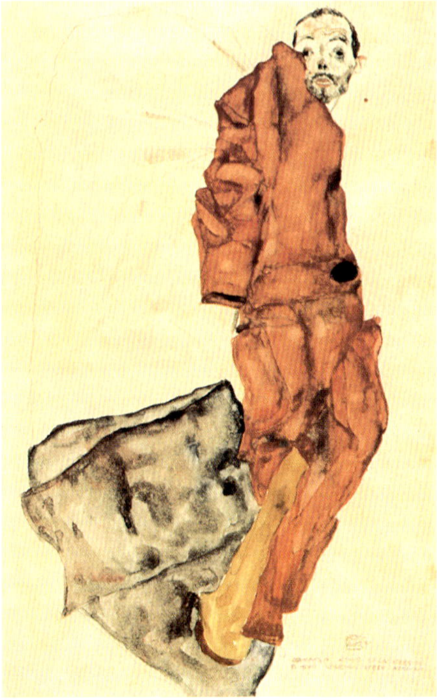

図版左上
私は芸術と愛する人達のために喜んで耐えよう!、1912年
Ich werde für die Kunst und für meine
Geliebten gerne ausharren!
水彩、鉛筆、48.2×31.8cm
Wien, Graphische Sammlung Albertina

図版右上
囚人、1912年
Gefangener!
水彩、鉛筆、48.2×31.7cm
Wien, Graphische Sammlung Albertina

図版下
芸術家を拘束することは罪悪である。それはつぼみのうちに生命を奪うことだ!、1912年
Den Künstler hemmen ist ein Verbrechen,
es heisst keimendes Leben morden!
水彩、鉛筆、48.6×31.8cm
Wien, Graphische Sammlung Albertina

マックス・ノルドーのような文化評論家は、「堕落」という宿命的なな概念を示し、規範からはずれる異質なものをすべて病的として非難できるようにした。シーレもまた防護されなければならないような非難であった。1912年5月にアルトゥール・レスラーは芸術音痴の「激怒の」叫びを取り上げて、彼らの不安の混じったシーレへの反感を説明しようと試みた。「人々は、人間の内部を引き出して表現したシーレの何枚かの絵画を知っている。そして膿んだ、ダニのような、蝕まれた腐敗として理解される彼の念入りな秘めごとへの観察に恐怖を抱く。エゴン・シーレは人間の顔かたちを描き写した。それは青ざめ、悲しみに満ちた笑いの、血に飢えた吸血鬼の顔と比較される。狂気の容貌、彼らの魂はうずき、言い知れぬ苦しみが仮面の硬直さに凝結させた。鋭敏なやり方で、人間の内面の全体を具象的に提示した顔立ちは、物思いに沈んだ心、用心深さ、熟考、夢想、情熱、不道徳、良心、誠実、温かさ、冷たさの表出のすべてのニュアンスを含んでいた。彼は青白い色彩に腐朽が微光を放つ顔立ちに宝石の冷たさの目を、また皮膚の裏に潜んだ死を見つけ描いた。大きな驚きで、彼はかじかみ、歪んだ皺くちゃな肌の手を黄色い角質の爪を見つめた。(中略)しかし彼が倒錯した偏愛でそれらを描いたと信じるのなら、それは大きな誤解である。」

これらの結果をまとめると、シーレは身振りやしぐさに現れる表現にその関心の大部分をそそいだ芸術家といえる。彼は本来の意味での情念を彼の人物像に満たした。日常茶飯事の決り文句からは決して生じない、そうではなくて痙攣から、爆発から、歪んだ表情やしかめっ面から生まれる忍苦としての情念を。彼はこの独自のスタイルで、ウィーンのユーゲントシュティール(Wiener Jugendstil)の高慢な様式化した態度からの離反を成し遂げた。それでもやはりシーレの作品に描かれた人間は自由ではなく、強い、感情的な力に左右される無力なマリオネットとなっていった。

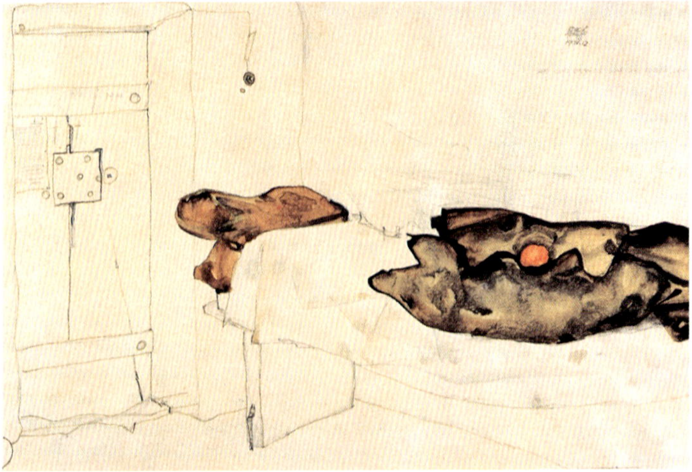

1個のオレンジが唯一の光だった、1912年
Die eine Orange war das einzige Licht
グァッシュ、水彩、鉛筆、31.9×48cm
Wien, Graphische Sammlung Albertina

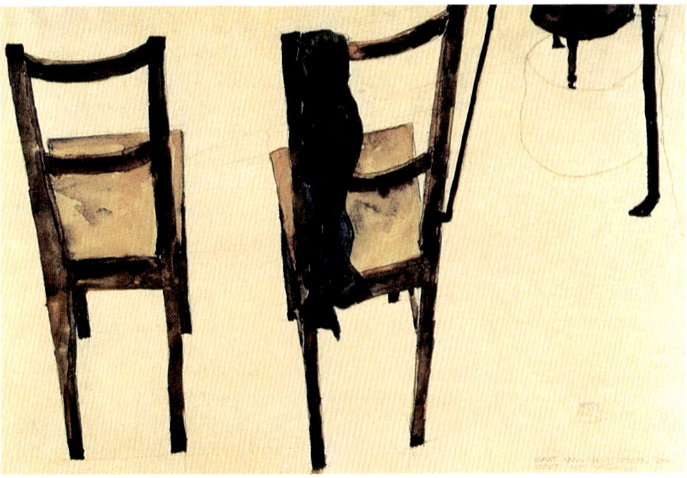

現代芸術というものは存在しない、芸術は不朽だ、1912年
Kunst kann nicht modern sein; Kunst ist urewig
グァッシュ、水彩、鉛筆、32×48.3cm
Wien, Graphische Sammlung Albertina

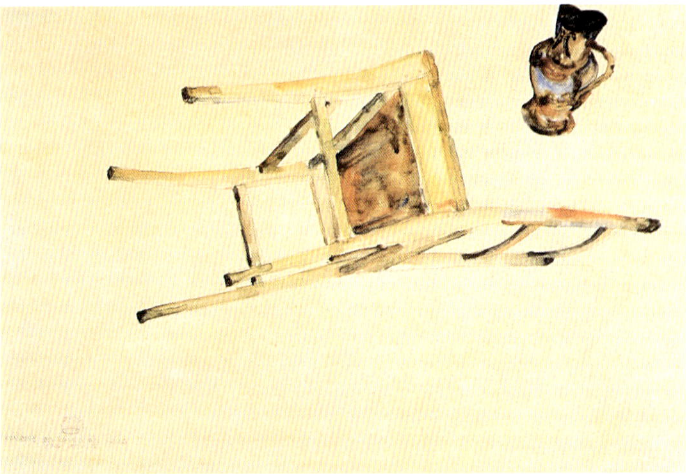

椅子と水差しの有機的な動き、1912年
Organische Bewegung des Sessels und Kruges
水彩、鉛筆、31.8×48cm
Wien, Graphische Sammlung Albertina

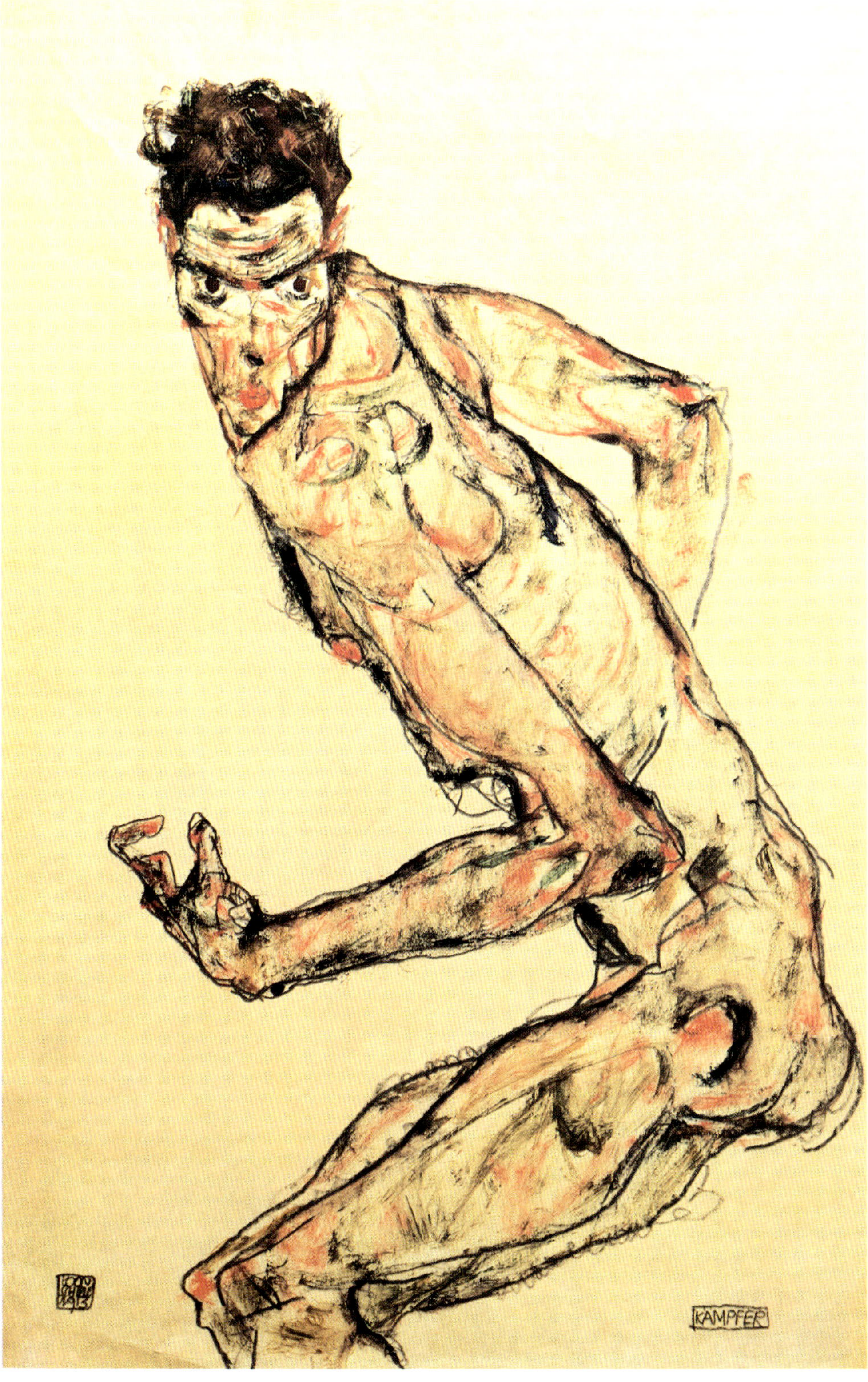
KAMPFER

幻想的でしかも象徴的

「ノイレングバッハ事件」とシーレがドラマティックに表現し、その経験を描いた留置さわぎの精神的な後遺症はほとんどなかったが、数ヶ月間は制作量が減った。ケルンテンやトリエステへ続けて旅立ったが、これはいやな思い出から逃れるためというより、彼の旅行好きに身をまかせたため、気晴らしのためであった。この事件によって彼の経歴が傷つくこともなかった。1月にはブダペストで、2月と3月にはミュンヘンのハンス・ゴルツ画廊で、その後はウィーンの〈ハーゲンブント〉(Hagenbund)に出展してから、シーレは事件直後にはもうケルンの有名な〈ゾンダーブント〉(Sonderbund=分離主義者同盟)に3点の作品を出展した。そのほか1912年には資産家のコレクターがシーレの作品に関心を示し始め、このことでシーレの経済的状態は目に見えて良くなった。オスカー・ココシュカの有力なパトロンであったフランツ・ハウアーのほか、シーレは工場経営者アウグスト・レードラーの知遇を得た。レードラーはクリスマスにシーレをハンガリーのギョアにも招待し、息子エーリッヒの肖像画を依頼をした。そこから母親やレスラーに宛てた手紙には、芸術を愛好するレードラー家の自分に対する賛美に気をよくしているのが読み取れる。その手紙ではまた、その陽気さはレードラー家の優雅なライフスタイルのためであることも示している。どちらかといえば貧しい家柄の出身で、流行のファッションを気取るのに、紙を切って手作りしたカラーで間に合わせたり、稼いだ金を生活費より高価な衣装を買うのに使ってしまいがちなシーレであればこそ、いつも用意万端整えられた馬車や「銀ボタンのついたグレーのお仕着せ」の召使いに魅了されてしまった。おしゃれな若者という面と、上流階級のためのここちよいエレガンスからは程遠い絵を描いた禁欲的な芸術家というシーレの注目すべき自己撞着は、1914年に撮影され、彼の虚栄の強い自己表現の証明となる一連の肖像写真でさらにはっきりする。これについては後に触れることになろう。

1913年はシーレの社会的な成功が確立された年であった。彼はクリムトが率いる〈オーストリア芸術家連盟〉(Bund Österreichischer Künstler)に迎えられ、また、いくつもの有名な絵画展、〈ウィーン分離派〉の「国際モノクローム版画展」(Internationale Schwarzweiß-Ausstellung)、ハーゲンのフォルクヴァング美術館や再度ミュンヘンのハンス・ゴルツ画廊などに出品した。さらにはゴルツとレスラーの尽力で、いくつかの作品は、ハンブルク、ブレスラウ、ドレスデン、シュトゥットガルト、ベルリンでも紹介された。この時ベルリンで刊行されていた、表現主義の、政治的には左翼系の雑誌、『ディー・アクツィオーン』(p.57)の創刊発行人であるフランツ・プフェムフェルトの注目を得、その結果、何度か絵を依頼さ

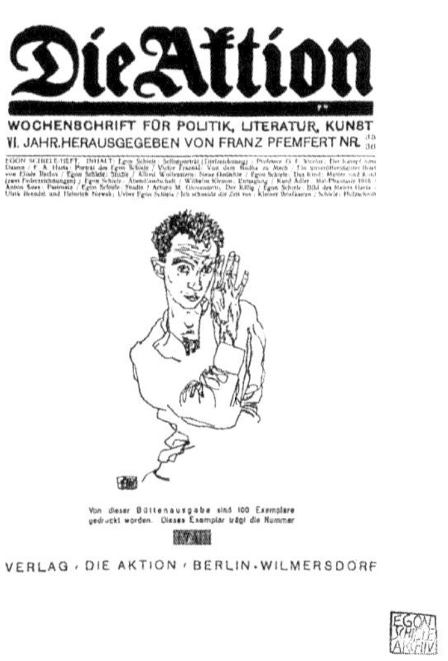

ベルリンの雑誌「ディー・アクツィオーン」の表紙、1916年
Wien, Graphische Sammlung Albertina

闘士、1913年
Kämpfer
グァッシュ、鉛筆、48.8×32.2cm
Private collection

れ、1916年には特集号を組んで捧げられるまでになった。こうして、ヘルワース・ヴァルデンの雑誌『デァ・シュトルム』(Der Sturm)におけるココシュカのように、シーレは有名な出版機関で肖像画家としての自分の才能を証明する手段を得たのである。

1914年早春、おそらく、『ディー・アクツィオーン』での活動によって自信がついていたであろうシーレは、レスラーの勧めでロベルト・フィリッピのもとでエッチング技術の手ほどきを受けた。しかしそれは二ヶ月しか続かなかった。彼の得意とし、すでに名人の域に達していた方法である素描が即座に描けるのと比べて、この新しい技術はまだるっこく、シーレには退屈なものに感じられた。だからエッチングの作品は17枚しか残していない。それでも、たとえば作品《悲しみ》では、シーレの修得能力の早さ、特異な才能が充分に証明されている。

エッチングに比べるとシーレは、写真には夢中になった。時には自分でも撮影するほどであった。彼にとって写真は、素描や絵画を補ったり、代わったりできるほどの、独立した芸術的表現方法ではなかったものの、自己表現にひたり、自分自身を効果的に演出するための理想的な手段に思えた(p.7)。おもにアントン・ヨーゼフ・トルッカに撮影されたものや、アトリエの隣人ヨハネス・フィッシャーによるいくつかの写真で、シーレは自分の素描や絵画で表現したのと非常によく似たポーズをとっている。ただ単にむきだしの被写体として冷たい機械の前に立っているつもりはなく、身ぶりやしぐさを意識的に様式化することによってシーレは芸術品そのものに変身しようとしている。それらの写真のうちの一枚は故意に手を加えて、何度も署名しているほどである。ほとんどすべての肖像写真が若い男の姿で、エレガントで控えめな気取りが見て取れ、時にはほとんど「ダダイスティック」に顔をゆがめたり、また、思案深げなまじめな印象で、「芸術家・職人」としてではなくむしろ感受性の強い「自己洞察者」として現れようとしている。最も意味深長なことが一枚の写真に示されいる。そこでは二重露出というトリック撮影によって二人のシーレが現れている(p.18)。

また、たとえばフィッシャーの撮影(1915年)による別の写真では、深遠な意図よりもその一途な自己恋慕に圧倒されるであろう。フィッシャーの写真は芸術的価値があるものではないが、シーレのコレクターに示すものとしてはおもしろい。〈ウィーン工房〉のキャビネットの前に立つシーレの写真では、芸術家の驚異的な部屋をかいま見させてくれる(p.95)。ここにはじつにさまざまなものが納められている。ユニオンジャックの小旗、エキゾティックな民芸品の数々、噂ではウィーンで最高の日本春画のコレクションを所蔵していたそうであるが、それら浮世絵のほか、〈青騎士〉(Der Blaue Reiter)の年鑑まである。この雑然とした品々はわざとらしく、無価値ではあるが、そのいくつかはシーレのインスピレーションの源であることを教えている。

したがってこれは、エゴン・シーレの日常生活では、好奇心旺盛で旅行好き、虚栄心の強い、ファッションにうるさい若者という一面を物語っている。しかしもう一方で、アルフレット・クービンの途方もなく幻想的な物語(1909年)のタイトルにちなむ『もうひとつの顔』は陰うつでふさぎ込んだ表情の画家シーレである。

1914年から15年頃までのシーレの作品にはニーチェの『ツァラトウストラはかく語りき』を連想させる、なぞをはらんだ、象徴的なタイトルがつけられている。《見る

座る裸の少女、1914年
Sitzender Mädchenakt
グアッシュ、鉛筆、48.3×32cm
Wien, Graphische Sammlung Albertina

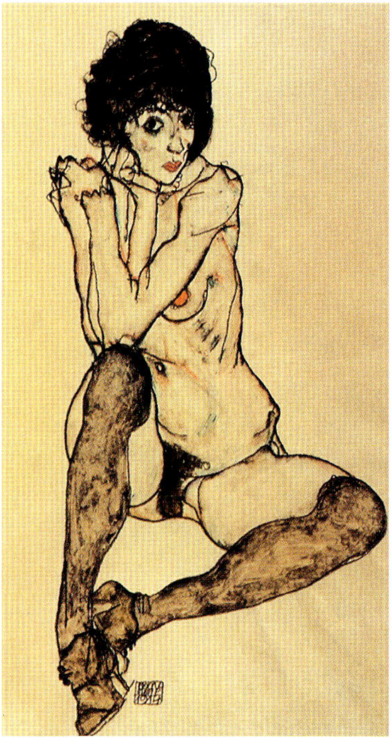

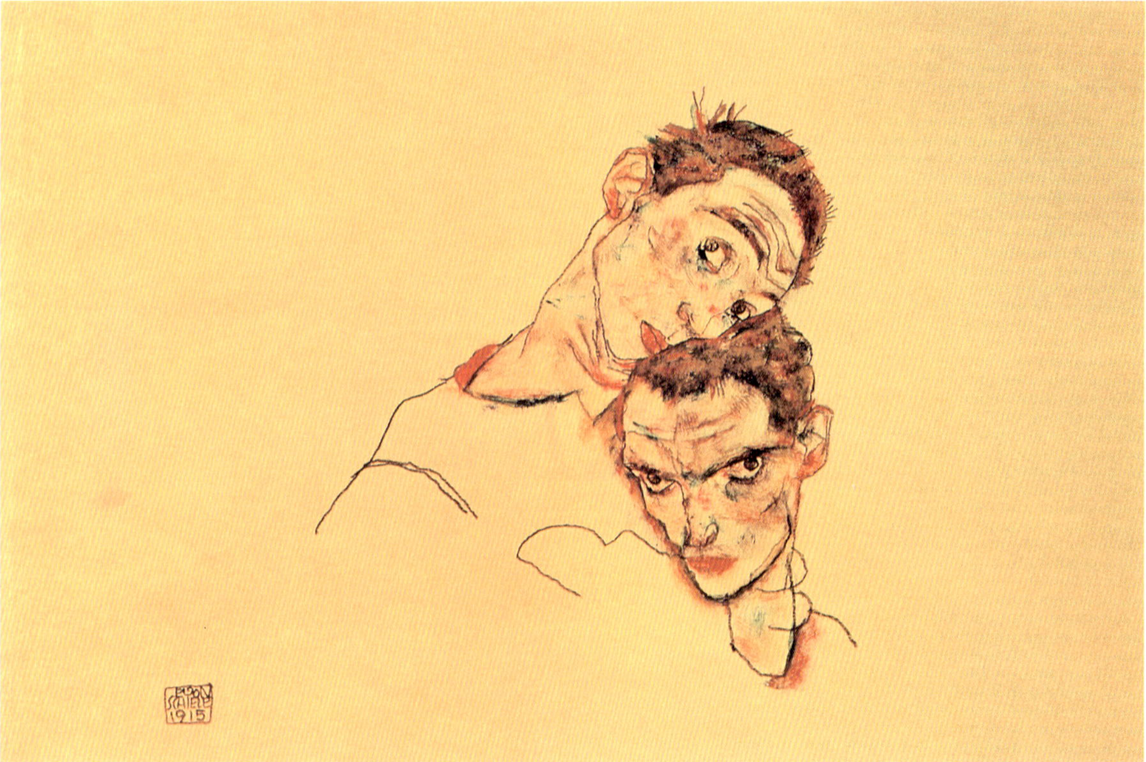

二重の自画像、1915年
Doppelselbstbildnis
グァッシュ、水彩、鉛筆、32.5×49.4cm
Private collection

人》、《叫ぶ人》あるいは《闘士》(p.56)というタイトルは1913年に描かれた素描の人物に冠されたもので、その身ぶりは祭礼をつかさどる者の神との一体感による恍惚と忘我を連想させる。《アゴニー(断末魔)》(p.73)、《枢機卿と尼僧》、《隠者》あるいは《幻想と運命》は別の絵のタイトルだが、これらの絵でシーレは生と死の根元的問題をテーマとして取り上げ、密儀的、または偽宗教的ともいえるアウラのなかに表現している。「現代的な芸術はないと思う。あるのはただひとつの芸術で、そしてこれは永久に続く」と1911年にシーレは記している。ここに、彼の見て表現する方法が印象派のように目に映るものをそのまま具象的に描くようなやり方でもなく、目の前の瞬間をとらえる方法でもないことが示されている。シーレは神秘と隣り合わせの、まぼろしを受けとめ、形にすることができる内的体験の能力をもつ神官のような予言者として自分を任じていた。このことを彼は詩のなかで強調的な言葉で表現している。

「とりわけ芸術家は／考えられる限りさまざまな／自然現象の／光景を表現する／非常に高い心的な才能をもっている...芸術家は小さく揺れる大きな光／その暖かさ／生き物たちの息づかい／その誕生と消滅などを／たやすく感じとることができる...／選ばれた者たちである彼らは／母なる大地の落とし子／恵まれた人間である。彼らは敏感で／彼ら自身の言葉をもっている...では、何を信奉しているのだろう?／彼らの言葉は神の言葉／そして彼らはその楽園に住むのだ。／この世界は彼らの楽園。／すべてが賛美歌／そして神なるものに似て...

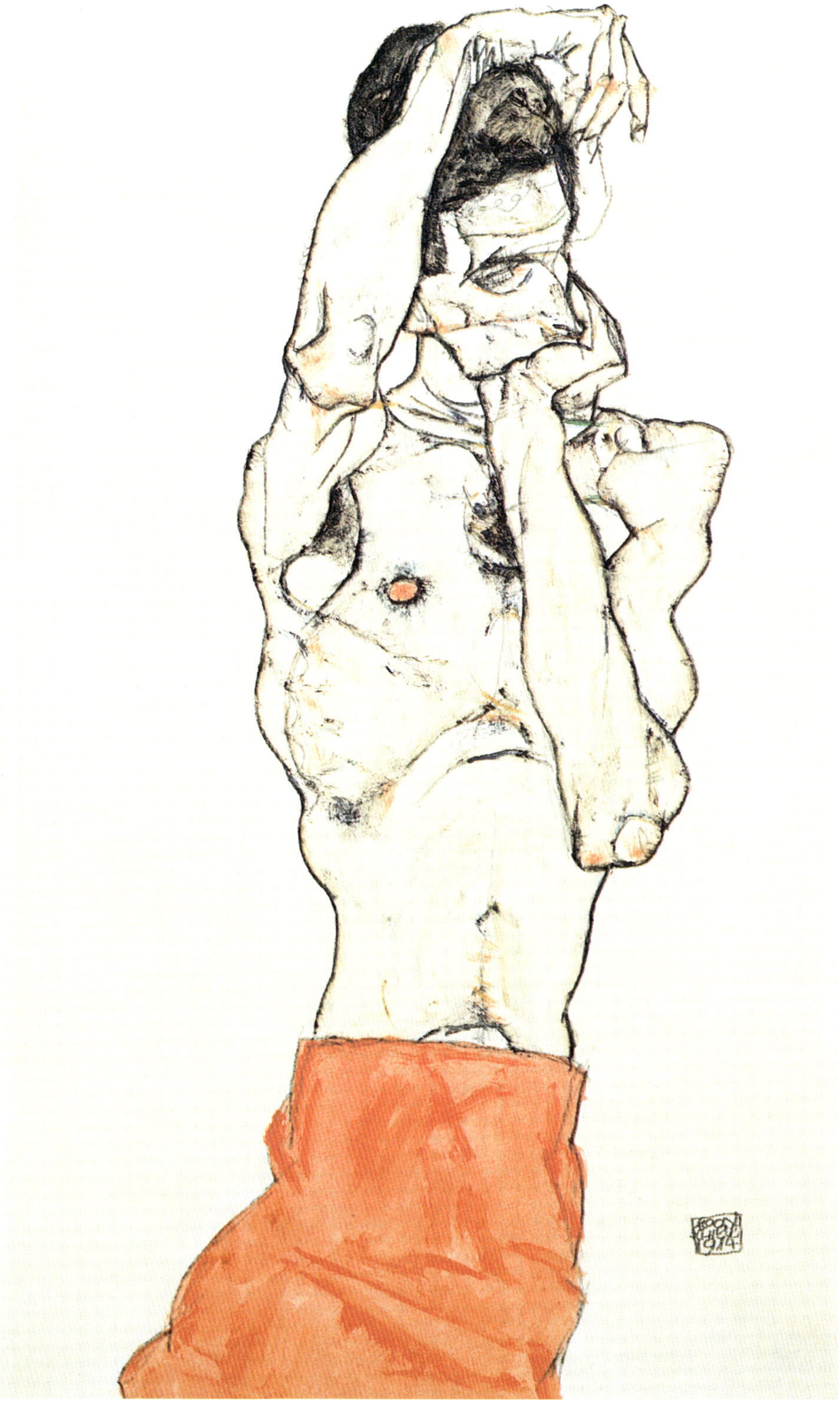

彼らのもの言うすべての／わけを示す必要はない／何事も彼らのもの言う通り／彼らの天賦の才のまま。／彼らは探求者。／人間を超越した心的才能の持ち主／あらゆるものに知悉する／慎み深い者たち。彼らの対局にあるもの、それは散文作家／普通の人々である。」

シーレのこの考え方は、芸術家のなかにある種の予言者的なもの、神聖で殉教者的なものを見た19世紀の伝統に沿うものである(p.19参照)。特に、神秘的で荘重な絵画に薔薇十字団の影響のもと、《望みなき人々》、《選ばれし魂の道》あるいは《選ばれし男》といったようなタイトルをつけたフェルディナント・ホドラーと非常に近いといえる。

十分な解釈が不可能な前述のシーレの作品では、普通、1人ないし、2人の人物が描かれている。人物の描写は物語の文脈には関係がないので、内容やその意味するところはストーリーやできごとの範ちゅうから理解することはできない。この場合、その意味内容は感情と表情の領域に完全に移し変えられ、まわりの鮮明な部分の概念だけがわずかながら言葉にして描写することができるだけである。シーレ自身が1912年の手紙で、現在所在のわからない作品《啓示》についての解説を述べているが、この解説はほとんど初めての試みだからこそ、彼の考え方を理解するのに役立つ。「親愛なるE博士《啓示》です!ある命あるものからの啓示です。その命あるものとは詩人、芸術家、学識者あるいは降霊術者と考えてもよいでしょう。彼らは偉大な人格が同時代人にどのような感銘を与えたか気づいていたのでしょうか?或るとすればひとつの啓示でしょう。絵は内なる光をもたねばなりません。肉体は生きている間に使う光を内包しているのです。肉体は燃えますが照らされることはありません。人物の後ろですって?半分には偉大な人物のまぼろしが肖像画風に示してあり、それがあまりに偉大なので男が圧倒され、うっとりとひざまずき、その偉大さのまえに身を屈めています。偉大な人物は目を開くことなく見やりながら、消滅しようとしています。この偉大なる者からオレンジあるいはそのほかの色の、星に似た光を放射しています。溢れる中で膝まずいた男は、催眠術をかけられたように偉大なる者に引き込まれます。右側は全体が赤みがっかたオレンジか赤茶です。左側にも似たような存在があり、違ったやり方ではありますが右の偉大な存在と対等に立つのです。(プラスとマイナスの電流が合流するイメージで。)ひざまずく小さき者は光輝く偉大なるもののなかに溶解するものだという意味を込めています。これがは私の絵《啓示》のいくばくかの説明になるでしょう。エゴン・シーレ」

シーレはこれらの絵によく正方形あるいは、ほぼ正方形の構図を使った。その形によって、絵のもつ意味内容が一目でわかるという特質が絵に与えられたのである。正方形という形は方向性がないので、絵の対象を一点に集中化することができ、物語の展開のなかで拡散されることなく、組織的に積み重ねることができる。そのうえ、このような集中化は絵の対象がある特定の状態にだけ固定される、つまり、動きのない身ぶりで固定されることがなく、その囲まれたものの中でまたその囲まれたものから切り離されず説明されうるという効果がある。人物たちは空間のなかの肖像としてあるというより、強調された平面の座標軸として存在する。この平面はほとんど幾何学的な切片で構成され、クリムト的な装飾よりも立体派好みの抽象化をめざしている。方向性のない形と平面上の立体性の分解は不安定な

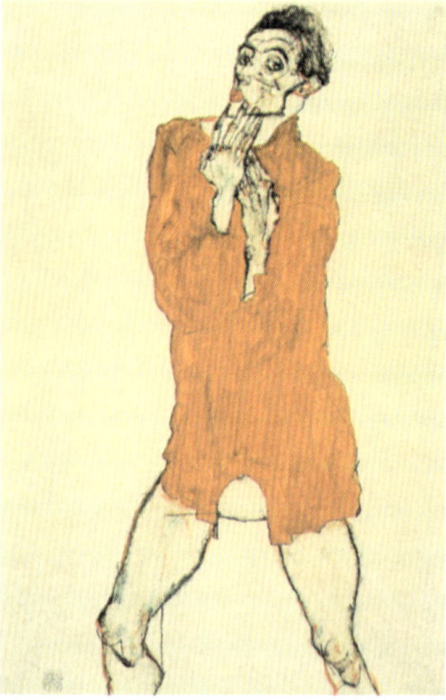

シャツを着た自画像(半身像)、1914年
Selbstporträt im Hemd (Kniestück)
グァッシュ、鉛筆、48.5×32cm
Stuttgart, Staatsgalerie Stuttgart, Graphische Sammlung

赤い腰巻きの立った男の裸体、1912年
Stehender männlicher Akt mit rotem Lendentuch
グァッシュ、水彩、鉛筆、48×32cm
Wien, Graphische Sammlung Albertina

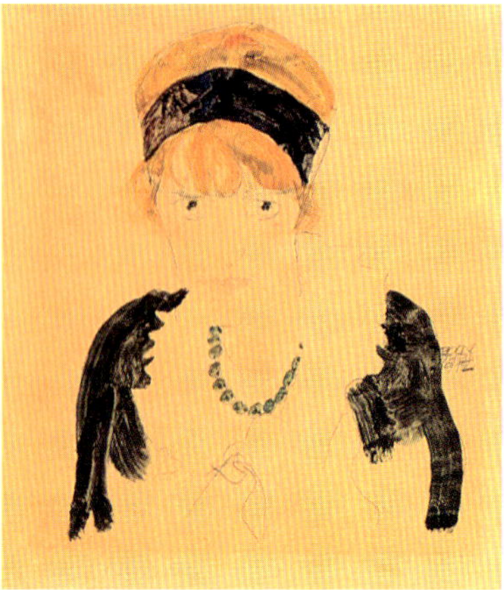

ヴァリー、1912年
Wally
グァッシュ、鉛筆、29.7×26cm
Schloß Lengenfeld, Christa Hauer-Fruhmann

縞の服を着たエディット・シーレ、1915/16年
Edith Schiele im gestreiften Kleid
油彩、キャンバス、180×110cm
Den Haag, Haags Gemeentemuseum voor Moderne Kunst

状態という印象、人物が宙に浮かんでいる印象を呼び起こし、人物の支えによってのみ画面に落ちつくのだという印象を与える。1915年の作品《飛翔》はこの幻想的な基本主調を方向づける率直な一例とみることができる。

レスラーのような賛美者はシーレの図像学的に目新しい、不可解な作品を評価し、「シーレ自身の分別ある判断力を超越してたまたま成功をみる、夢遊病者のような直観的な創作方法」を認めた。一方、フリードリッヒ・シュテルンのような疑い深い批評家はシーレの「風変わりなもの、わかりにくいものへの渇望」を非難し、まさに、シーレは最近の「ものすごく不快なものを模倣している、〈立体派〉の方法までも」と批評した。

シーレの幻想的で象徴的な絵のなかで特別なのは母親を描いたものである。母の絵は自画像やニーチェ的なモチーフのように、図像学的な伝統を単に分類するだけでは理解することはできない。シーレと母親との関係の具体的な問題について知っていなければまったく理解できないであろう。

シーレの母親をテーマにした絵の最初の習作である1908年の《母と子》(p.74)は聖母子像という伝統的なテーマにつながるものである。しかし、ここにもすでに、シーレの非常に個人的な解釈が色濃く投影されている。おそらく彼は、1903年のエレーナ・ルクシュ＝マコヴスキーの絵に影響を受けたと思われるが、それは息子ペーターと一緒の自画像であった。エレーナが古くからある、聖母子像のモチーフにことよせて、自分自身の母と子の関係を普遍的で、より高いところまで引き上げたのに対し、シーレはこのモチーフを主観的にあつかった。この伝統的なテーマはシーレにとって知らず知らずのうちに母と子の役割を上下関係で識別するための口実となったのであろう。おおまかに描かれ、黒いマントをはおって、弱いアウラを漂わせた女性は目だけが妖しく光り、ふところに子を抱いている。母とは逆にその子は明るく輝き、はるかに具体的に描かれている。具体的といっても、ただ単に実物そのままという意味ではなく、発光現象が具体的であるという意味である。それに比べて母は暗い、光りを産み出す力を秘めた者として描かれている。後年のシーレの言葉から考えると、思春期の若者がある種光輝く姿であるのに対し、母親は彼にとって自然の力の化身でしかないととらえていたこともあながち否定できない。当時流行したオットー・ヴァイニンガーの浅薄な『性と性格』(1903年)による考えの若者らしい解釈として理解できるこのことは、その後しばらくして、シーレと彼の母親とのまぎれもない不和として表面化する。

シーレの母は最初はためらったものの、後にはウィーンの学校で学びたいという彼の希望を積極的に応援した。おそらく、彼女は鉄道関係の「きちんとした」仕事につけたいと考えていたシーレの後見人レオポルト・ツィハツェックのもとで、息子の勉学中の住まいと生活を支えようと奮闘したであろう。しかし、息子はどうみてもそれを感謝するふうではなかった。芸術家としての使命に夢中な息子は母親の犠牲も当然のように考えていた。とりわけ、父の死によって、いわば一家の大黒柱となってからはそうであった。それでもアルトゥール・レスラーの『エゴン・シーレの思い出』ではレスラーはシーレのかたをもち、母親は考えられないほど厳しい心の女性で、息子を深い絶望の縁に追いやったとしている。

主観的に色づけされた、おそらくレスラー本から引用されたであろうが、母親に対するシーレの嘆きをここで聞いてみよう。「当然の要求をしているだけなのに、母

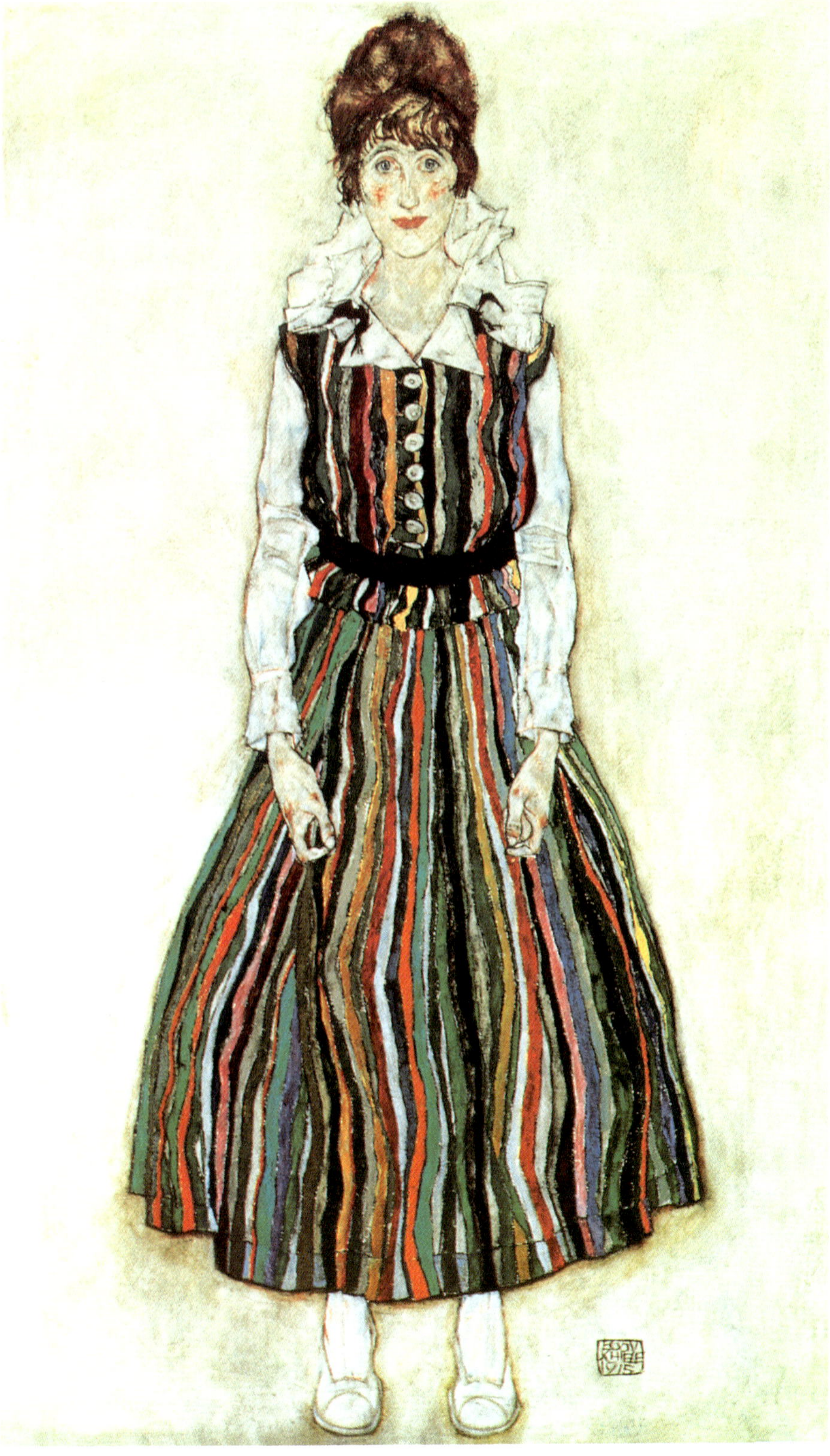
1915

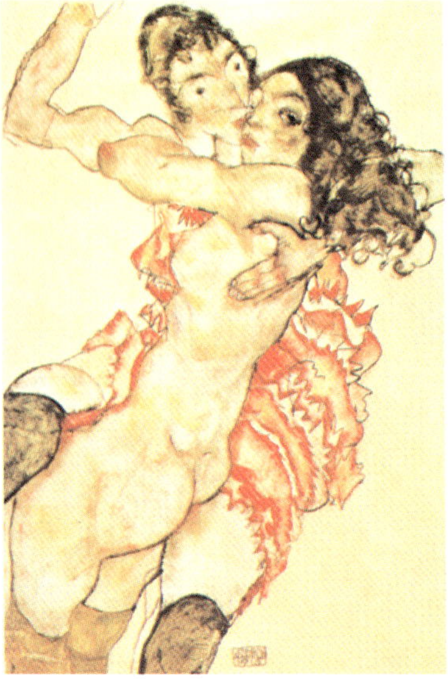

互いに腕を回す二人の少女、1915年
Zwei Mädchen, einander umarmend
グアッシュ、水彩、鉛筆、48×32.7cm
Budapest, Szépmüvészeti Műzeum

が私の期待とはまったく違った態度をとるのはどうしてだか全然理解できない。ほかの人ならまだしも、この私の母なのに。言うに言われぬほど悲しい。ああ、ほんとうにいやだ。簡単なことなのに、どうしてだめなんだろう。親らしくもない。母親というものはその子を胎内で誕生させ、育み、ともに生き、子は母を通して呼吸し、食べ、飲む。他人と関わるずっと以前から二人だけの触れ合いがあるのだ。そして、産まれてからも母は子を『自分の一部として』大切なものと感じ、扱うというのに。私の母は、性格も似たところが多く、この血も肉も母からもらったものなのに、心が通じ合わない。母は私をまるで他人のように扱う。それがとても悲しい。」

おそらく、シーレの母親は夫の死後、不安定な経済状態のなか、さまざまな不自由や屈辱に耐えながら、息子にはもっと支えになって欲しい、少なくとも要求を控えて欲しいと思っていたであろう。また、彼女の立場からすると芸術家としてのシーレの将来に格別な希望を持っていたわけでもなく、とりわけ彼女から見るとだらしのない、のんきな生活態度も気にいらなかった。それなのにシーレはいつも無条件の犠牲を母親に求め、なんでも彼の言うとおりにしなければ気に入らなかった。こうして二人の不和は起きるべくして起こったのである。道徳的にみてどうであれ、この不仲をシーレは母の絵のなかに身勝手なやりかたで挑発的に表現した。この対立のいきさつは1910年と1911年に企画され、そのタイトルの奇抜さでのみ注目された母のシリーズで表現された。まず、1910年に《死する母》(p.70)が制作され、《天才の誕生》と《処女なる母》、《継母》が続いた。レスラーによるとこれらのうち完成されたのは《天才の誕生》および1911年の《死する母 II》だけであったという。

このテーマに限定すると、《死する母》や《天才の誕生》は母性と死の恐怖は相対しているという聖母像の伝統につながるものである。そのなかには1885年から1898年の間に制作されたマックス・クリンガーの連作《死について II》の例があるが、そこではもっぱら感傷的かつ感動的に表現されている。それに比べてシーレの《死する母》はこのテーマを絶望的な解釈で表現し、エヴァ・ディ・ステファノが指摘したように女ぎらいとマザーコンプレックスが読み取れる。「夜の暗い土の色がこの絵を支配している。子どもはまだ生きているが、数奇な運命のもと、屍の母に捕らえられている。対照的に星のあかりは輝き、母体は超越的な地球のようである。」母のテーマへの取り組みをみると、シーレの芸術家としての訴えとその主体的な克服がともに重要だということが彼の企画したシリーズのタイトルに示されている。1915年までの数年間彼は「母と子」のテーマをいくつかのバリエーションで制作したが、それをみると、彼は母に対しいまだほろ苦い思いがあることを証明している。たとえば、1911年に制作した《妊婦と死》(p.72)は全体に悲観的な色調を帯びている。

1914年の《盲目の母》と《若い母親》および《盲目の母 II》ではついに不幸な母性のモチーフだけをテーマにしている。盲目の概念の二面性を示しながら、むしろ盲目をあてこすっている。つまり、目の前の愛を見ようとしない自分の母だというのである。そしてそれはまた疑いもなく1910年、11年の《継母》シリーズの本来のテーマでもあった。次のようなシーレの母に宛てた一通の手紙がこのような解釈の根拠である。「親愛なるかあさん!きちんとした生活についての僕の要望を考えてもらえないまま、そしてあなたのために新しい、戒めから解放された本物の生活

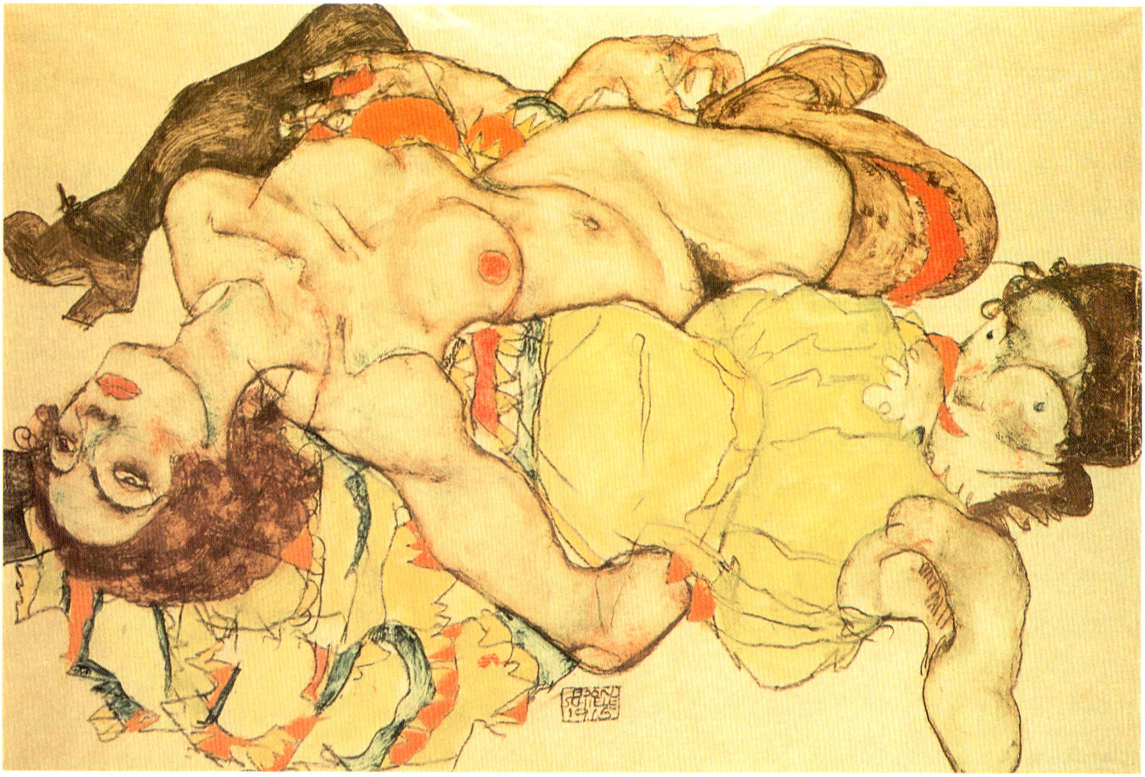

を手に入れるためにぼくがよかれと思った決意に目を向けてもらえないこの状況に、ぼくは唖然とさせられましたが、それだけではありません、ぼくの男らしい指導力のある、生活能力のある善意をどこかほかで、たとえば感受性のある人や物、事業のために使ったほうがいいと考え始めています。ぼくの思うところでは、あなたは、だれはばかることなく純粋な喜びで世の中を眺めたいという年齢に達しているのです。その年齢に達していれば、成し遂げて手にいれた果実を喜び、生まれながらの一徹さで自分のものであるその果実に喜びを見出したいと思うものでしょう。ここが全然意見の合わない点です。疑いもなくぼくは最も偉大な、すばらしい、ぜいたくで純粋、最も価値のある果実となるでしょう。ぼくの独立心旺盛な意志によって、すべてのすばらしい、すぐれた力がぼくのなかでひとつに結合します。ぼくは一人前のりっぱな男なのですから。ぼくは、朽ち果てても永遠の生命を後に残せる果実になるでしょう。あなたの喜びはいかばかりでしょう。ぼくを産んでよかったと思いませんか?」

まだ若干の家長としての心構えがうかがわれ、「見当はずれの忠告をする」姉メラニーの性格についての一方的な批判が書かれているこの手紙の効果はてきめんだった。父の墓の問題に無関心なことを嘆いて、母は同じ年、恨みごとを書き送っている。「おまえはどれだけのお金をむだ遣いすれば気がすむのだろう。(中略)だれにでも、どんなことにでもさく時間はあるのに。(中略)お前のあわれな母親のためにだけはないなんて!神様が許しても私は許さない。(中略)だれがいっ

交差して横になる二人の少女、1915年
Zwei Mädchen, in verschränkter Stellung liegend
グァッシュ、鉛筆、32.8×49.7cm
Wien, Graphische Sammlung Albertina

図版66/67ページ
抱擁(恋人同志 II)、1917年
Umarmung (Liebespaar II)
油彩、キャンバス、100×170.2cm
Wien, Österreichische Galerie

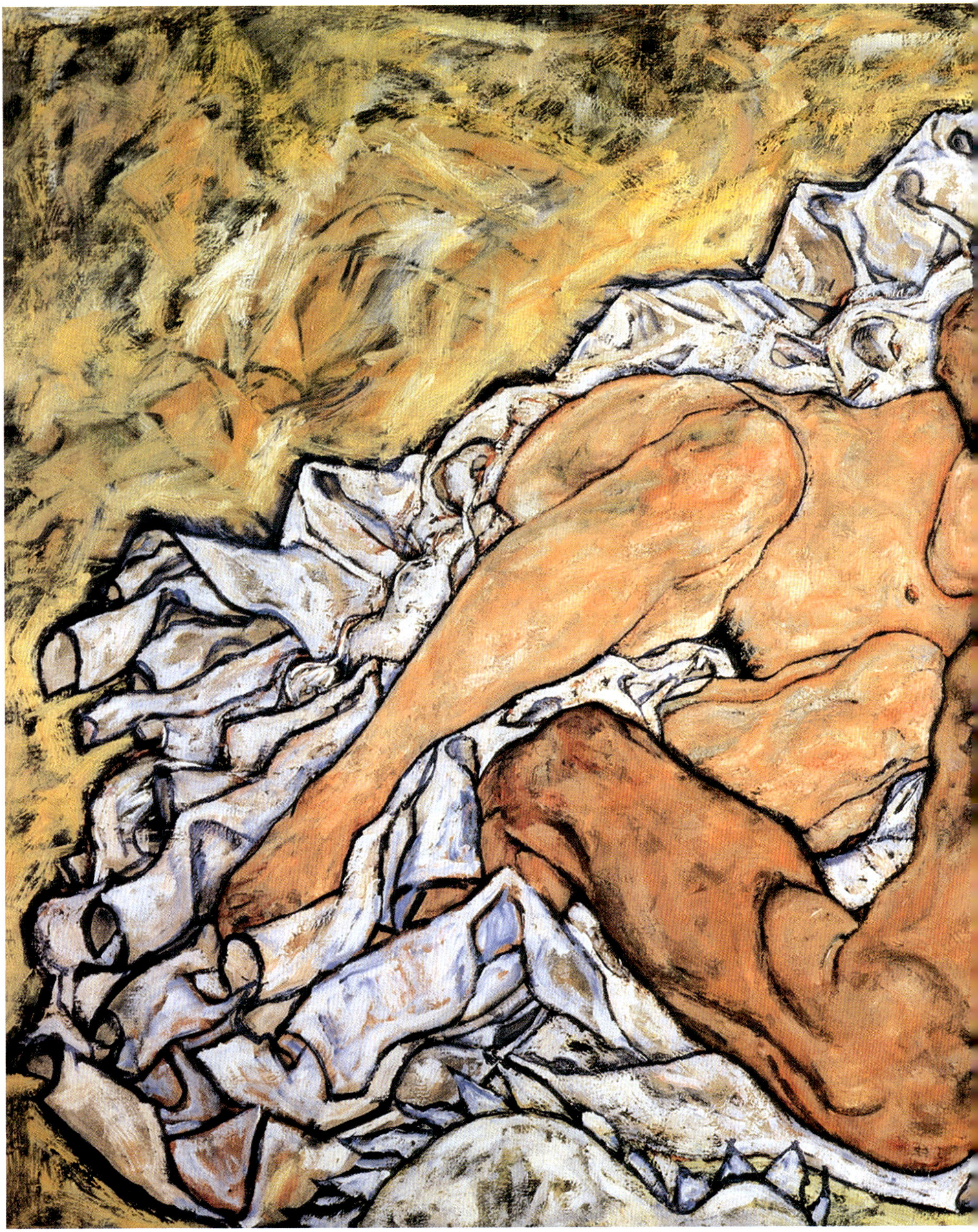

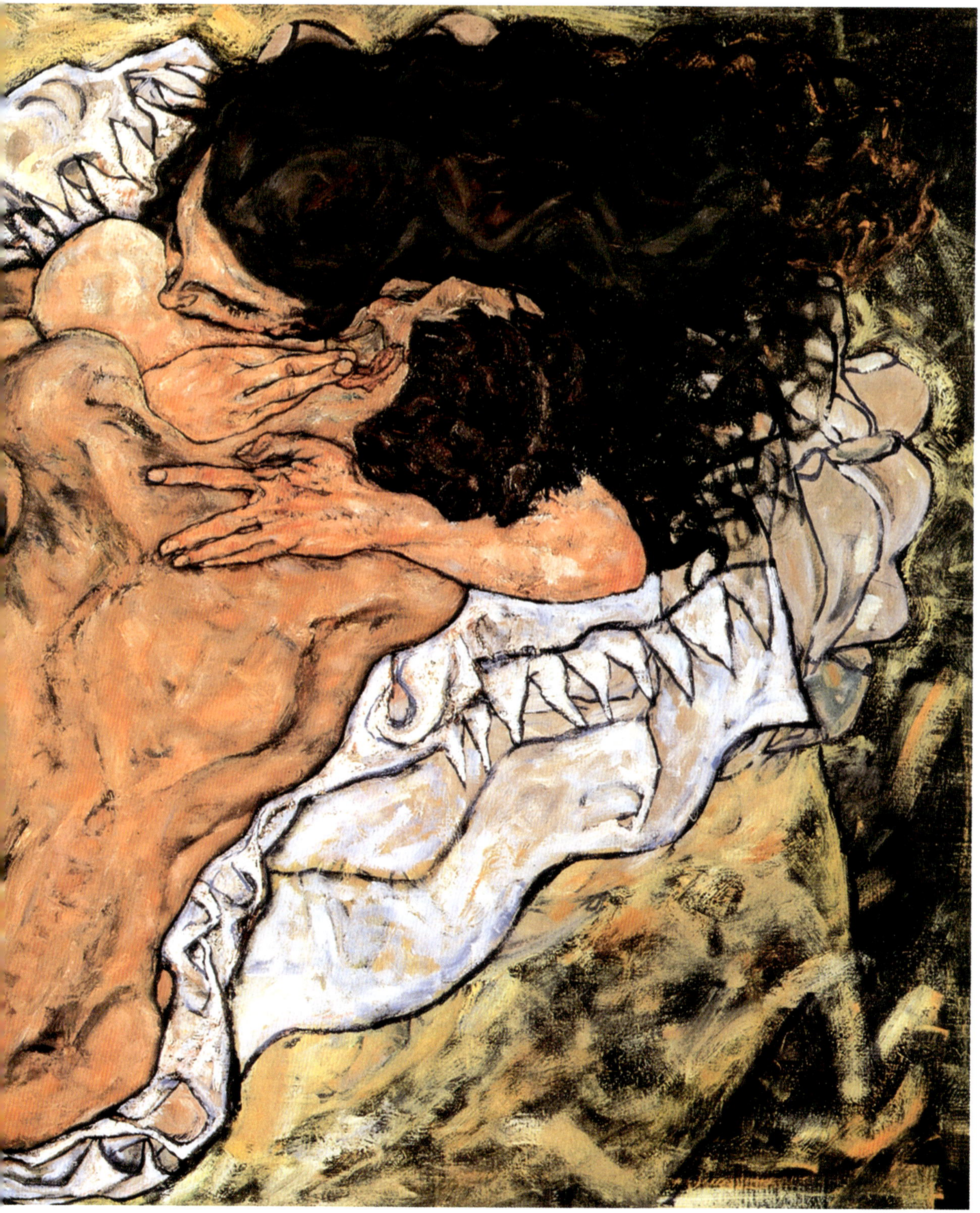

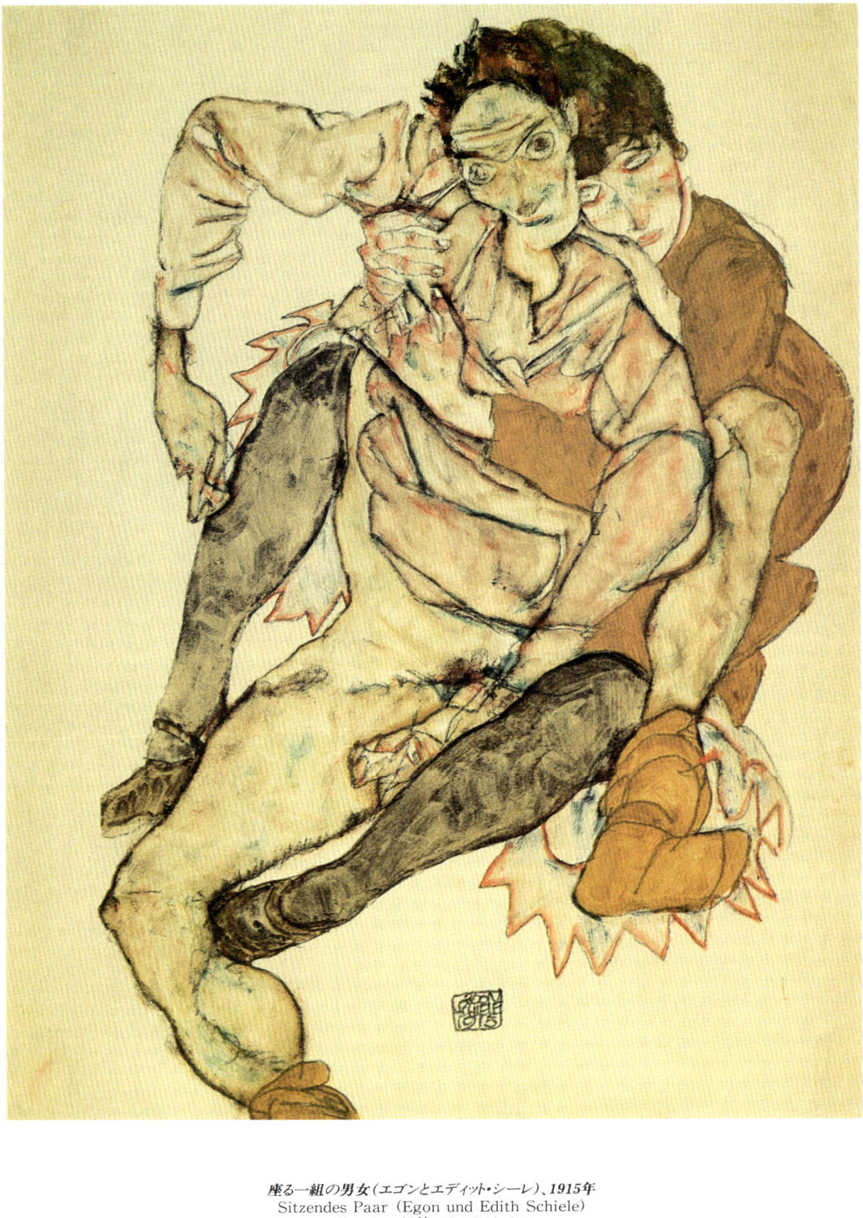

座る一組の男女（エゴンとエディット・シーレ）、1915年
Sitzendes Paar (Egon und Edith Schiele)
グァッシュ、鉛筆、52.5×41.2cm
Wien, Graphische Sammlung Albertina

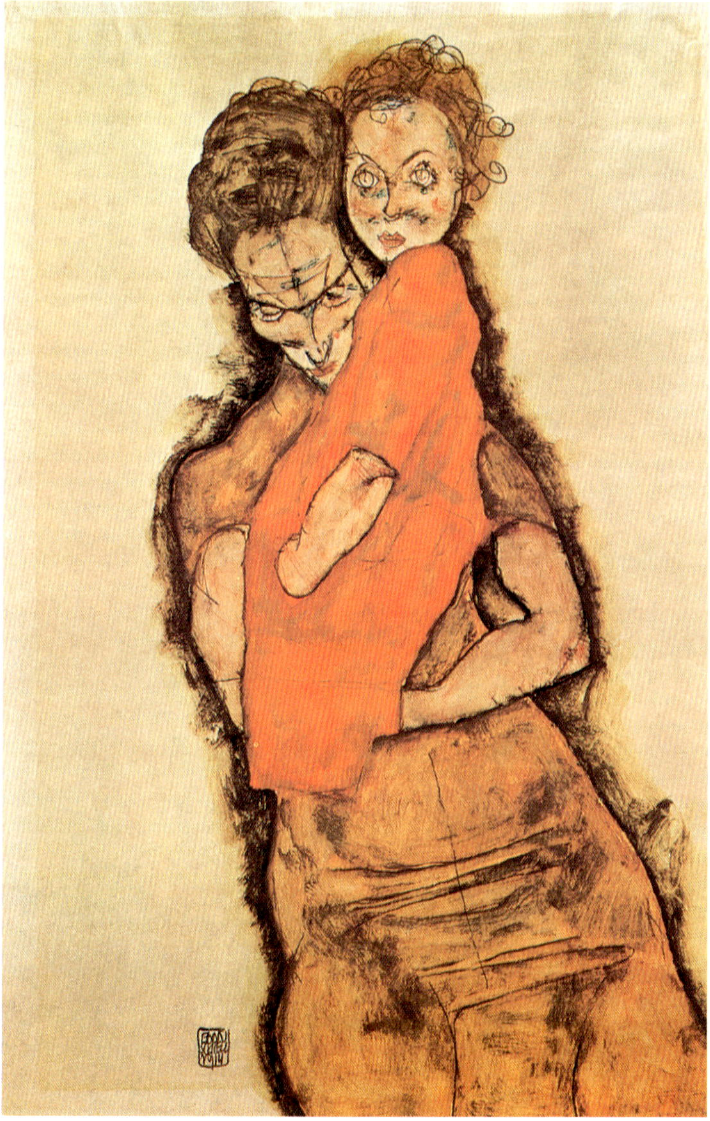

母と子、1914年
Mutter und Kind
グァッシュ、鉛筆、48.1×31.9㎝
Private collection

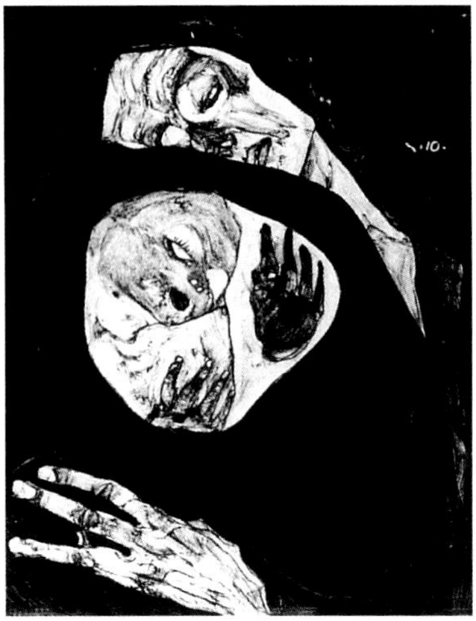

死する母、1910年
Tote Mutter
油彩、鉛筆、板、32.4×25.8cm
Private collection

たいお前をこんな心根の息子にしたんだろう。(中略)その人に呪いあれ、お前も、私の恨みを思い知るがいい。(中略)」

母親の恨みごとに対するシーレの返事はうわべは分別と寛大さがあるように見えるだけの自己陶酔的な無礼の言葉の羅列でしかない。「親愛なるかあさん!ぼくには全部わかっている。絶対かあさんが悪いよ。(中略)ぼくはこの世界の喜びを楽しむつもりだ。だから創作意欲がわくんだから。それをぼくから取り上げようとするやつは吹き飛んでしまえ。無から、だれの世話にもならずに、ぼくの存在はぼく自身のおかげなのだ。」特に最後の言葉から明らかなように、シーレはついに「自己創造的な」芸術家としての完全なアイディンティティを獲得した。それは家族の遠慮のない要求をただ負担と感じるだけでなく、自分の仕事にとって深く感情を害される拘束であるという考えである。彼はこの仕事を男らしい知性的なもので、自然の、女性的なものを従属させるのだと考えていた。たとえば、彼は大好きだった妹ゲルティに対しても家長としての主張を押し通した。彼女がシーレの画家仲間であったアントン・ペシュカの子を身ごもった時、シーレの反対で彼女は成人になってやっと結婚することができたのである。

エディット・ハルムス(p.64)と結婚するために恋人ヴァリー・ノイツィール(p.62)と別れる時のシーレのふるまいは、必ずしも高圧的ではなかったものの、彼特有の無神経さ、自分の利益にだけ気を配ったものであった。1914年の年初め以来シーレは、向かいの家に住んでいる育ちのよさそうな美しい姉妹であるエディットとアデーレ・ハルムスと近づきになるべく努力していた。窓辺でのとっぴなポーズや「インディアンのおたけび」で気を引くことに成功し、散歩や、ハイキングにさそった。厳格な二人の母親に自分のまじめな気持ちをわかってもらうために、たくらみの場に何も知らない恋人のヴァリーを伴うこともあった。しかし、1915年2月、エディット・ハルムスに寄せる気持ちが無邪気な遊びからまじめなものに変わった。2月16日付けのレスラーに宛てた手紙には次のように伝えている。「結婚を考えている。いい話なのだ。たぶん、ヴァリーとはしないと思う」

シーレは4年の間ヴァリー・ノイツィールと同棲した。彼女はシーレのエロティックな素描のほとんど、重要な絵画のいくつかに登場するお気に入りのモデルであった。彼女は屈辱的なクルマウ追放、ノイレングバッハ事件をともに経験し、そして、今シーレが別の女性と結婚するという事実に直面していた。レスラーの回想によると、シーレはヴァリーをヒーツィングの行きつけの料理屋に呼び出し、黙って一通の手紙を手渡したが、そこには「毎年夏には数週間のバカンスをともにする」と約束してあった。もちろん、ヴァリーはこの奇妙な「三人暮らし」の申し出を、だいいち、そんなことはエディットが決して受け入れないだろうと考え、きっぱりと拒絶した。実際、エディットは最初かなり嫉妬深く、はっきり別れて欲しいと迫った。ヴァリーは別れて赤十字の一員として戦地に赴くことを志願し、1917年、ダルマチア地方(ユーゴスラビア)で猩紅熱のために、シーレに再び会うことなくこの世を去った。

エディットとの戦時結婚式は、シーレが兵役でプラハに出発する日を数日後にひかえた1915年6月17日、あわただしくとり行われた。シーレはヴァリーとの別れとエディットとの結婚について、心のうちを何も説明していないが、結局はまっとうで市民的な安定した生活への願望がそれを決定させたのであろう。それにもかか

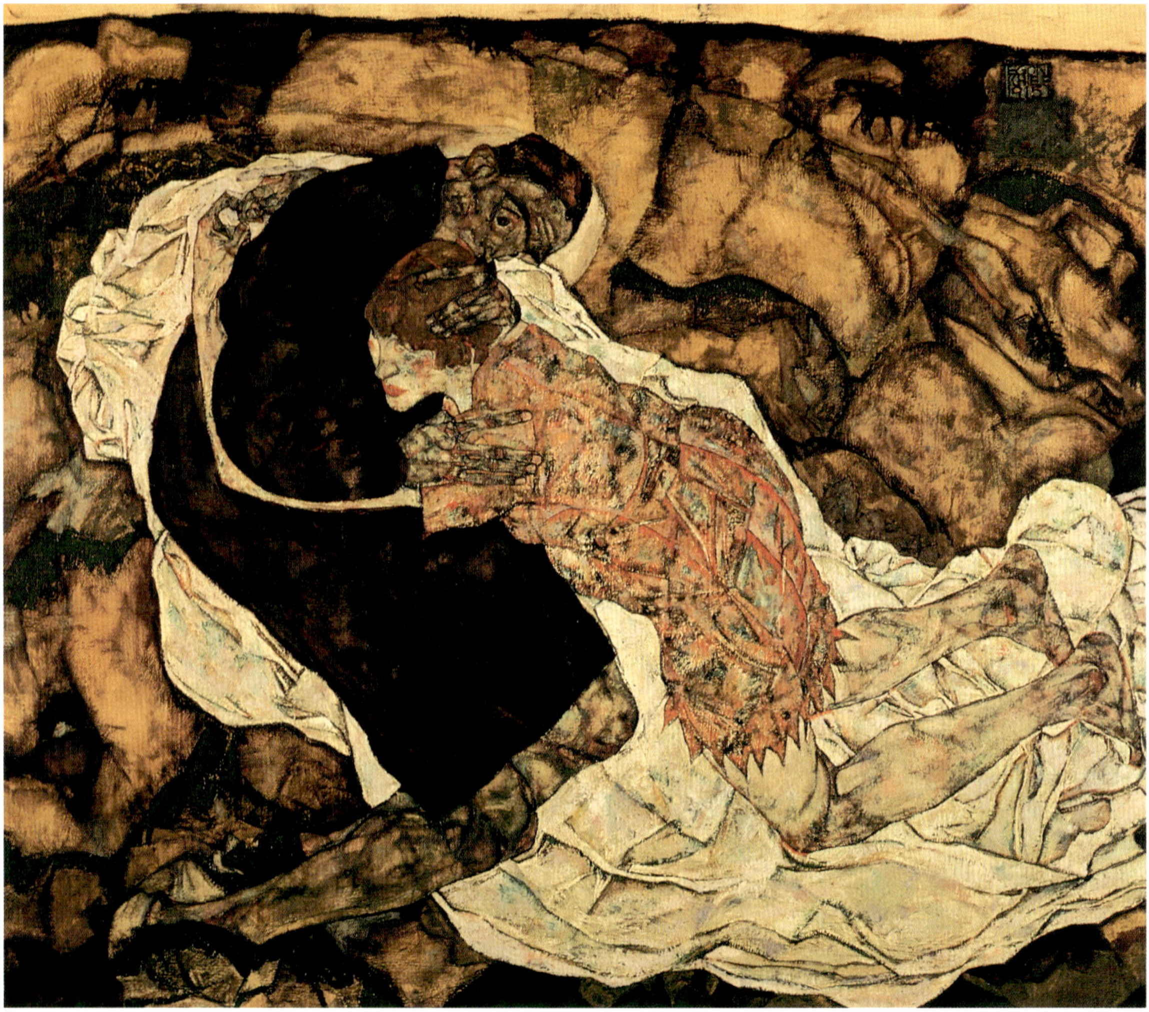

死と少女、1915/16年
Tod und Mädchen
油彩、キャンバス、150×180cm
Wien, Österreichische Galerie

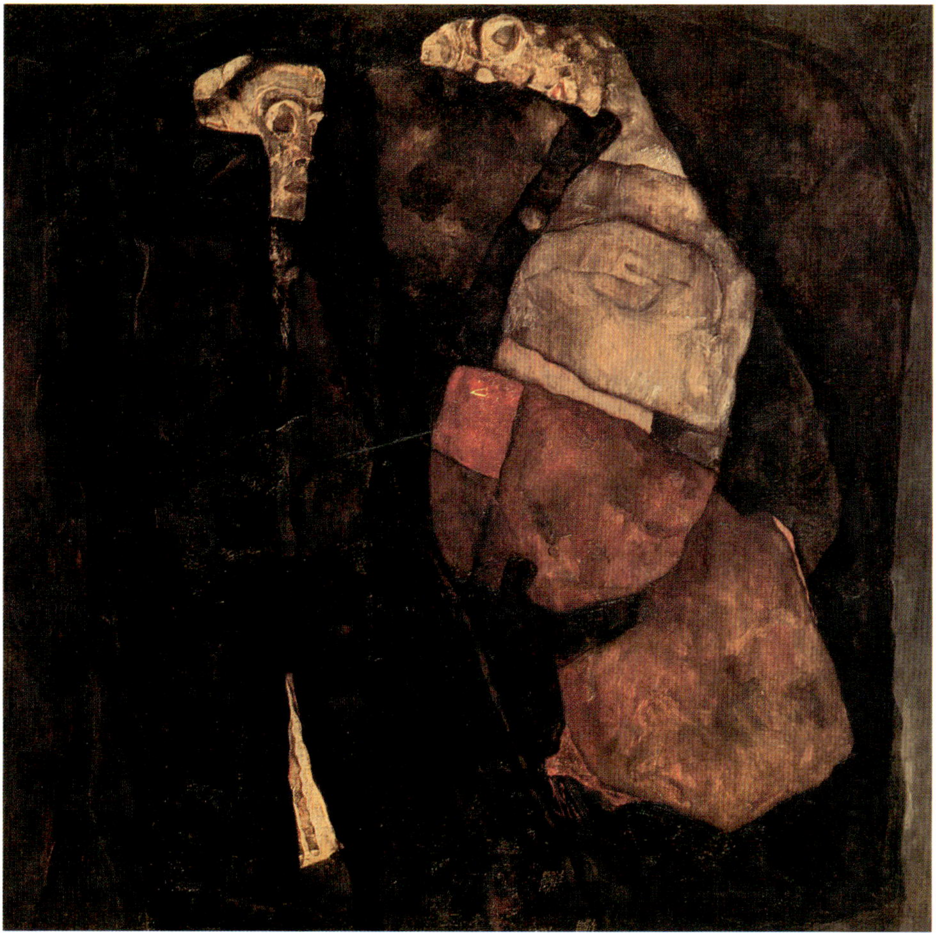

妊婦と死、1911年
Schwangere und Tod
油彩、キャンバス、100×100cm
Praha, Národní Galerie

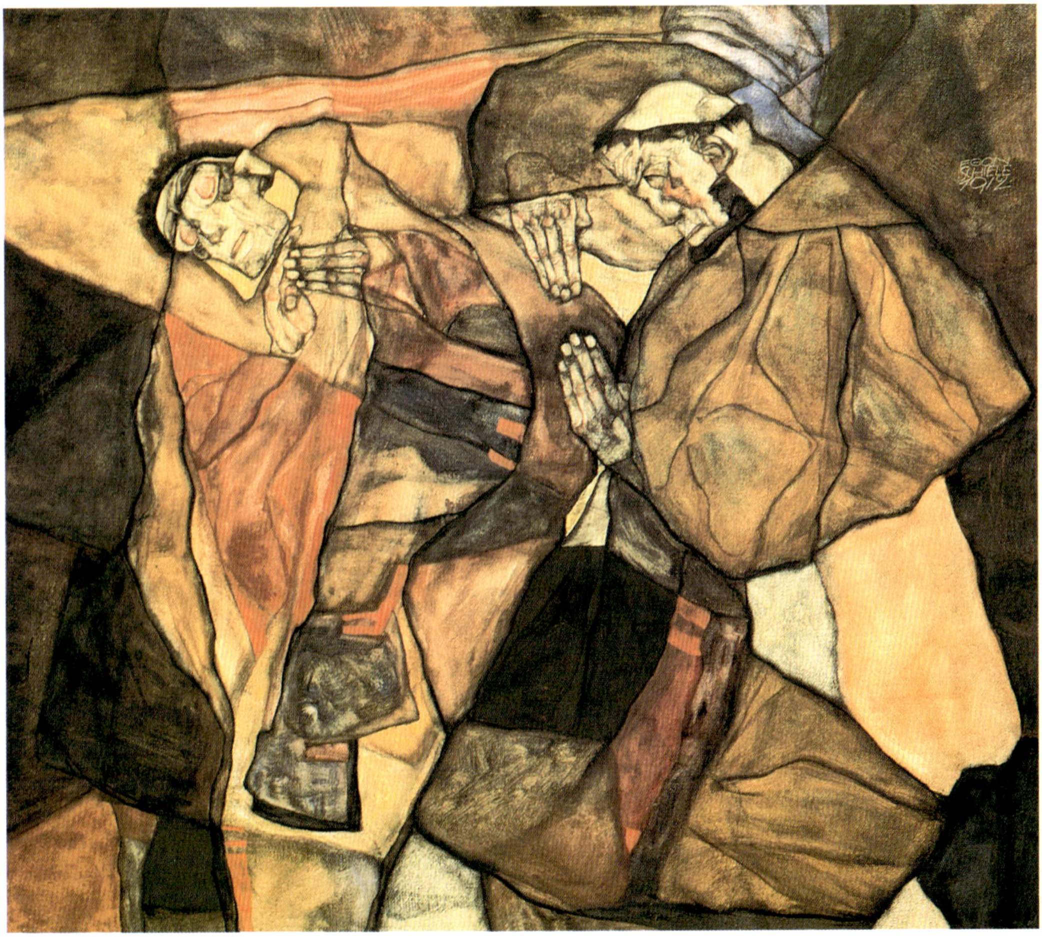

アゴニー(断末魔)、1912年
Agonie
油彩、キャンバス、70×80cm
München, Neue Pinakothek

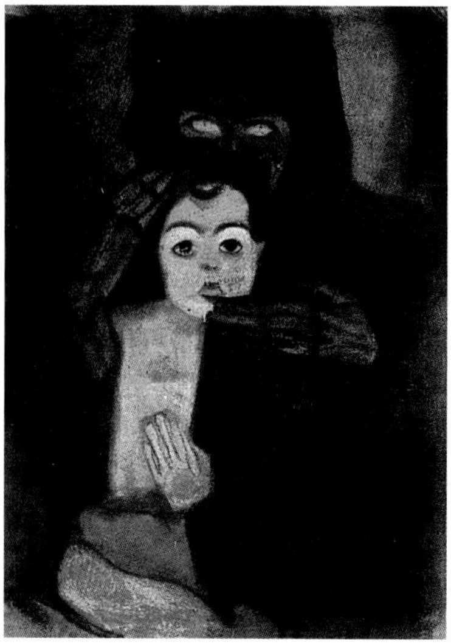

母と子（聖母子像）、1908年
Mutter und Kind（Madonna）
木炭、白チョーク、60×43.5cm
Wien，Niederösterreichisches Landesmuseum

わらず、1914年、15年のいくつかの作品を見ると、彼にはかなりの間迷いがあり、二人の女性が仲よくしている空想に頭の中がいっぱいになっていたように思われる。こうして、二人の乙女がお互いに絡み合ってエロティックな雰囲気をかもしだしている絵（p.64、p.65）を何枚か描いた。それが誰であるか推測されるのを避けでもするかのように、ひとりの少女の顔は大まかに、目もただ点だけを描いている。それは、アメデオ・モディリアニの直線的な単純化した表現に近いもかかわらず、人形じみた印象を与える。

実際に一度、大作《死と少女》（1915年、p.71）では、離別、つまりヴァリーを失った赤裸々な悲しみを表現した。《死と少女》は恋愛関係の決裂を絶望から死にものぐるいに抱きしめている絵である。しみのある黄茶色に緑を塗り重ねられた当事者たち、画面を横ぎってしわだらけの布が広がり、その白い色は死の床を連想させるが、画面全体の装飾的な構図がこの印象をいくばくか和らげている。シーレの絵に典型的な人物配置で横たわる二人は画面に浮いているように見える。暗い色の衣装の、シーレと思われる男性は彼にしがみつくヴァリーの面影をたたえた女性の上にかがみこんでいる。彼の背中で彼女の指が絡み合い、頭は男の胸に寄せ、そこに男の左手は優しく添えられているが、右手は彼女を振り払おうとしているように見える。親密な近さでありながら、完全に受け入れることができない距離感を表現するこの動作の緊張感は男の表情の一点に凝縮されている。それは、不自然に広げられた眼窩から硬直したうつろなひとみが飛び出しているところで、そこに、取り返しのつかないことを知った驚愕が集中している。

この絵画の中にシーレはエディットとの結婚で避けて通れなかったあの喪失感を「心をこめて描いた」。しかし、この結婚によって、また、市民的生活を受け入れることによって、母のテーマに対する考え方も変わった。そのテーマは今や彼にとって、自分自身が子供として結び付いたものではなくなり、悲劇的と感じていた体験から解放された。1915年に描き始め、1917年に完成された作品《母と二人の子供》（p.77）は新しい、穏やかな雰囲気で、部分的には戯れさえも感じさせるトーンで貫かれている。愛と安心へのあこがれは、以前の母の絵では、ただ満たされないことを象徴する形でのみ表現していたのが、ここでは自分自身の家庭の希望を反映する感情へと変わっている。まだここでも感じられる悲しみの基調は人物の表情に反映されてはいるが、子供の民族衣装のかろやかな色使い、子供を包む毛布の暖かく、鮮やかなオレンジで和らげられている。

最後にシーレが母親のテーマと新しい生活を扱った作品は1918年の《家族》（p.76）である。これは同時に彼の最後の重要な作品であり、画家としてのシーレの成長を示す伝記的な位置づけをもつ作品でもある。この絵画はこれまでとは違って現実的な画面空間の処理がなされており、ソファあるいはベットにかけた裸の男はシーレの自画像ということがわかる。彼の前に女性がしゃがんでおり、その足の間に子供がうずくまっている。二人のおとなの身体と毛布にくるまれた子供の明るく描かれた頭部は、暗くわずかに色でニュアンスをつけた背景とは明かに対照的で、これまでの絵とは違い、装飾的な色区分が施されてはいない。

色彩は二人の裸体を見ればわかるように、対象描写の手段の代わりとなっている。相変わらず白、黄色、赤を混ぜ合わせたり、暗い黒褐色の多用があるものの、線を重ねた輪郭線だけがいっぱいに描かれることもなく、むしろ、造形的な特性

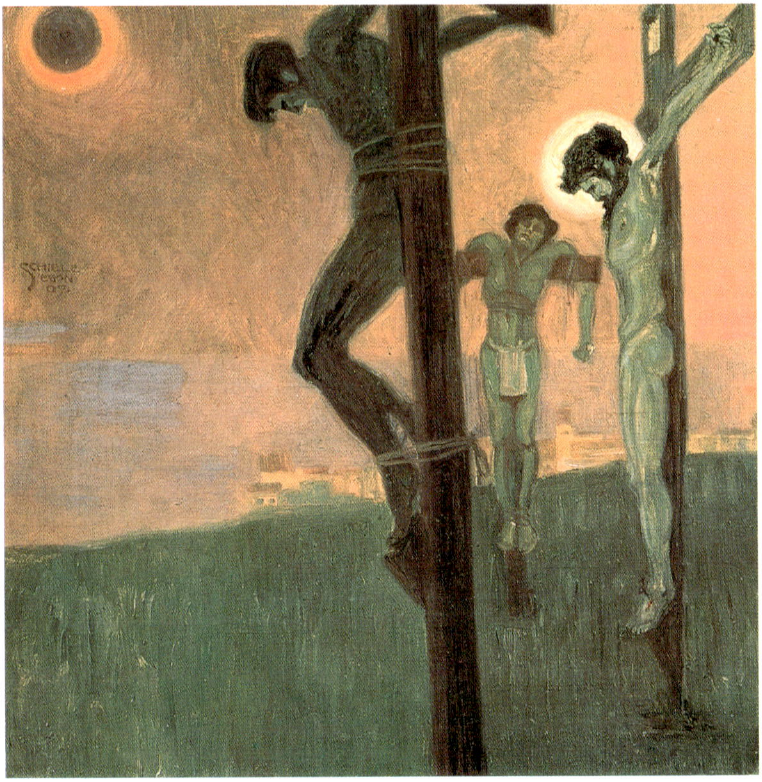

キリストの磔刑、1907年
Kreuzigung
油彩、キャンバス、42×42cm
Private collection

が描写、創造され、量感が創出されている。そして、もはやショッキングな攻撃性はなくなり、心理的にわかり易く、生命感が感じられる。ただ色彩的な効果をねらって描かれた男性の持ち上げられた左手に、特にシーレの最後の二年間の作品によく展開される新しい、傑出した、文字通り「絵のように美しい」局面を見て取ることができる。より現実的で、攻撃的なものから和らげられたメッセージへの転向はある意味でシーレの内面の変化を証言するものである。和解による穏やかさと陽気ささえも感じられるこの絵には以前の、えぐるような、人を不安にさせる露骨な表現はもうない。静かで、共感できる感情がただよい、基調は極端な情念からメランコリーへと変化している。メランコリックなのは男女のまなざしだけではない。彼の高く上げた眉も何の返事も期待していないことを暗示しており、全体がメランコリックなのである。構成に関し、一方では男性から女性、子供にいたるまで、ますます丸みをおび、自衛的な姿勢で描かれ、しかし他方では画面の統一は人物の分散された視線によって破られている。それは、自分自身の子供を得ることへの期待と自信の片隅に、そのような家庭の幸福は結局はお預けにされるかも知れないという予感がシーレにはあったのであろう。同じ年、1918年の10月28日、妻エディットが死亡した。彼女は妊娠6カ月で、シーレはその前日にエディット重体の知らせを母に書き送ったところであった。

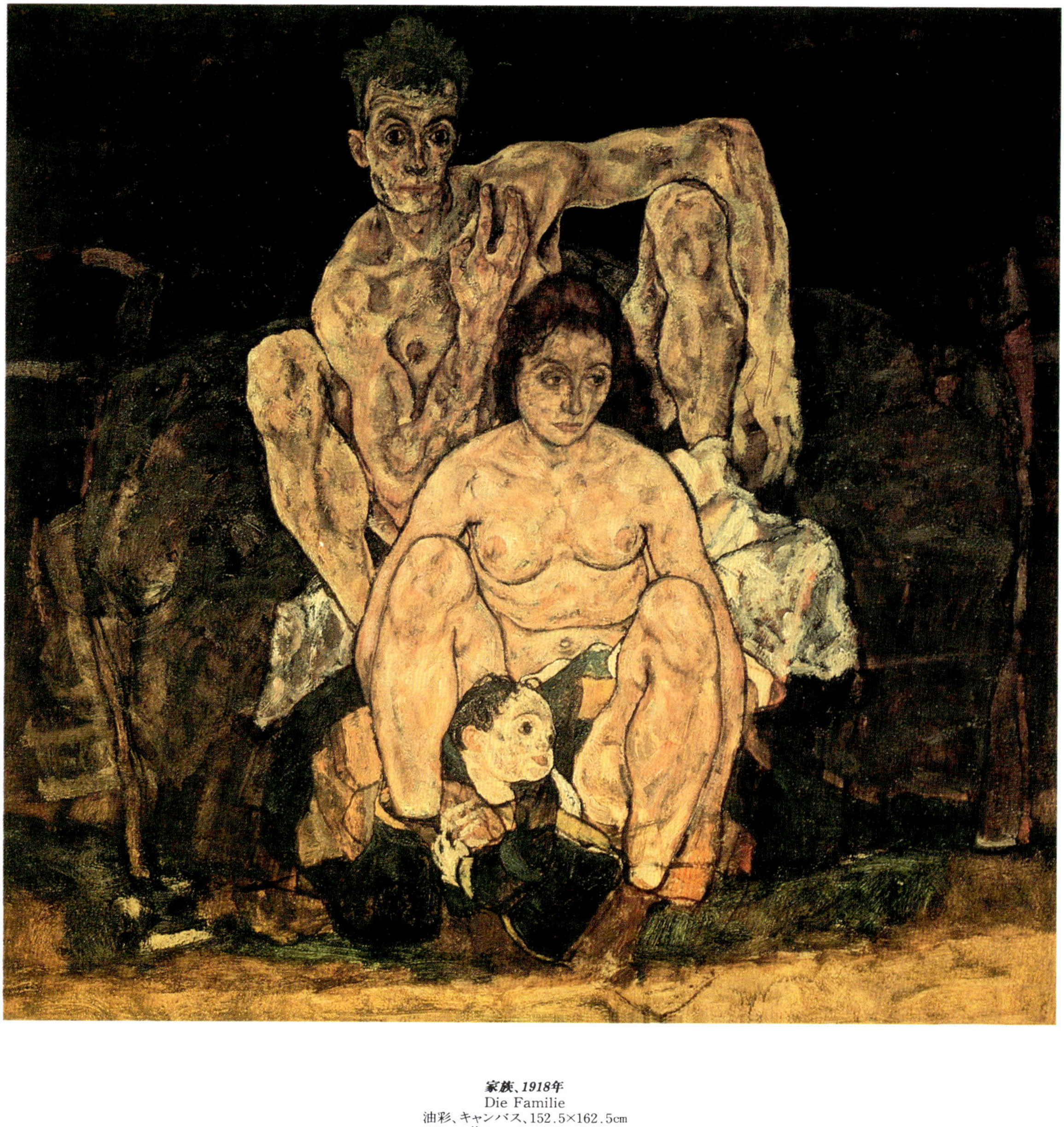

家族、1918年
Die Familie
油彩、キャンバス、152.5×162.5cm
Wien, Österreichische Galerie

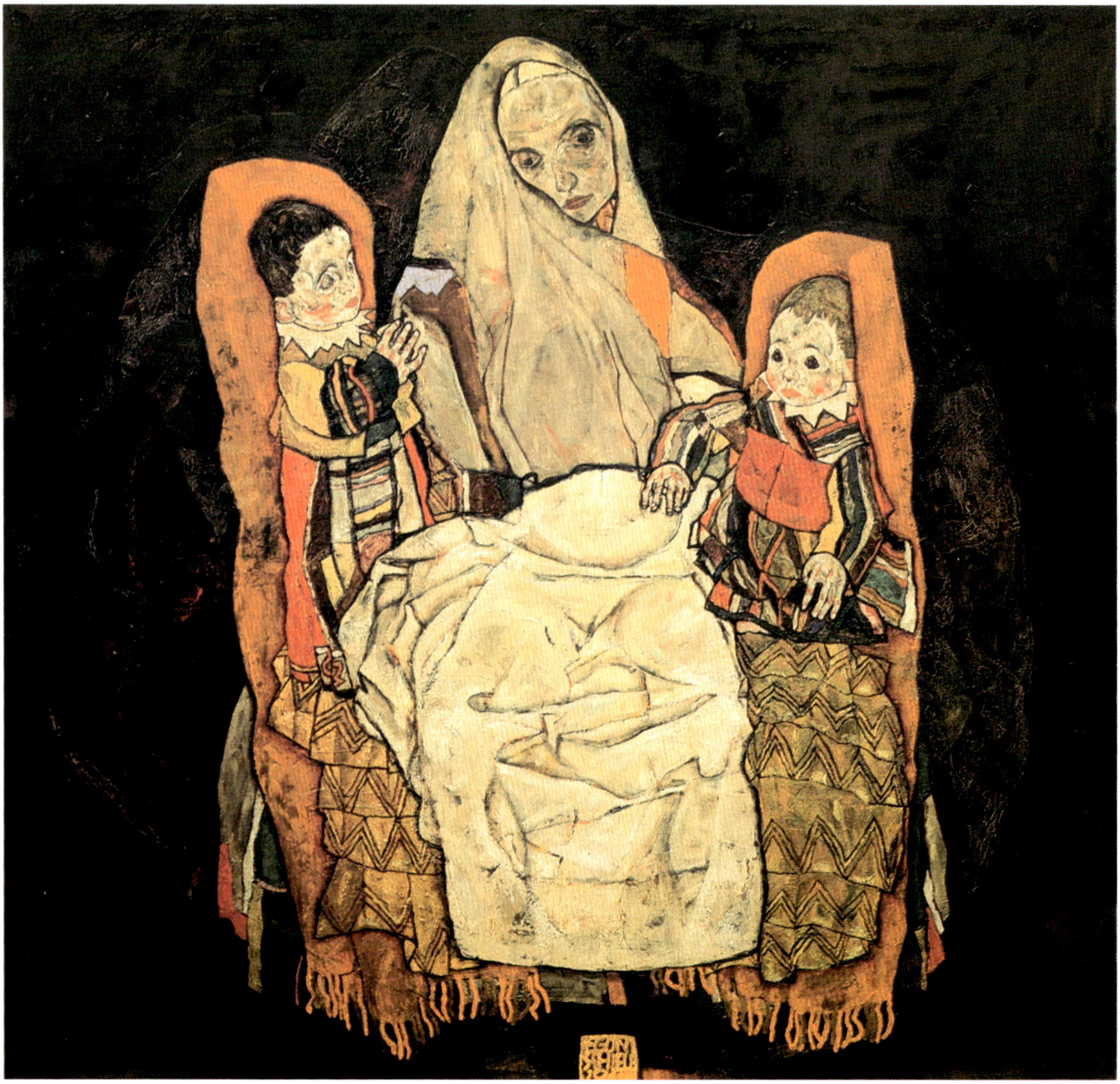

母と二人の子供 III、1917年
Mutter mit zwei Kindern III
油彩、キャンバス、150×158.7cm
Wien, Österreichische Galerie

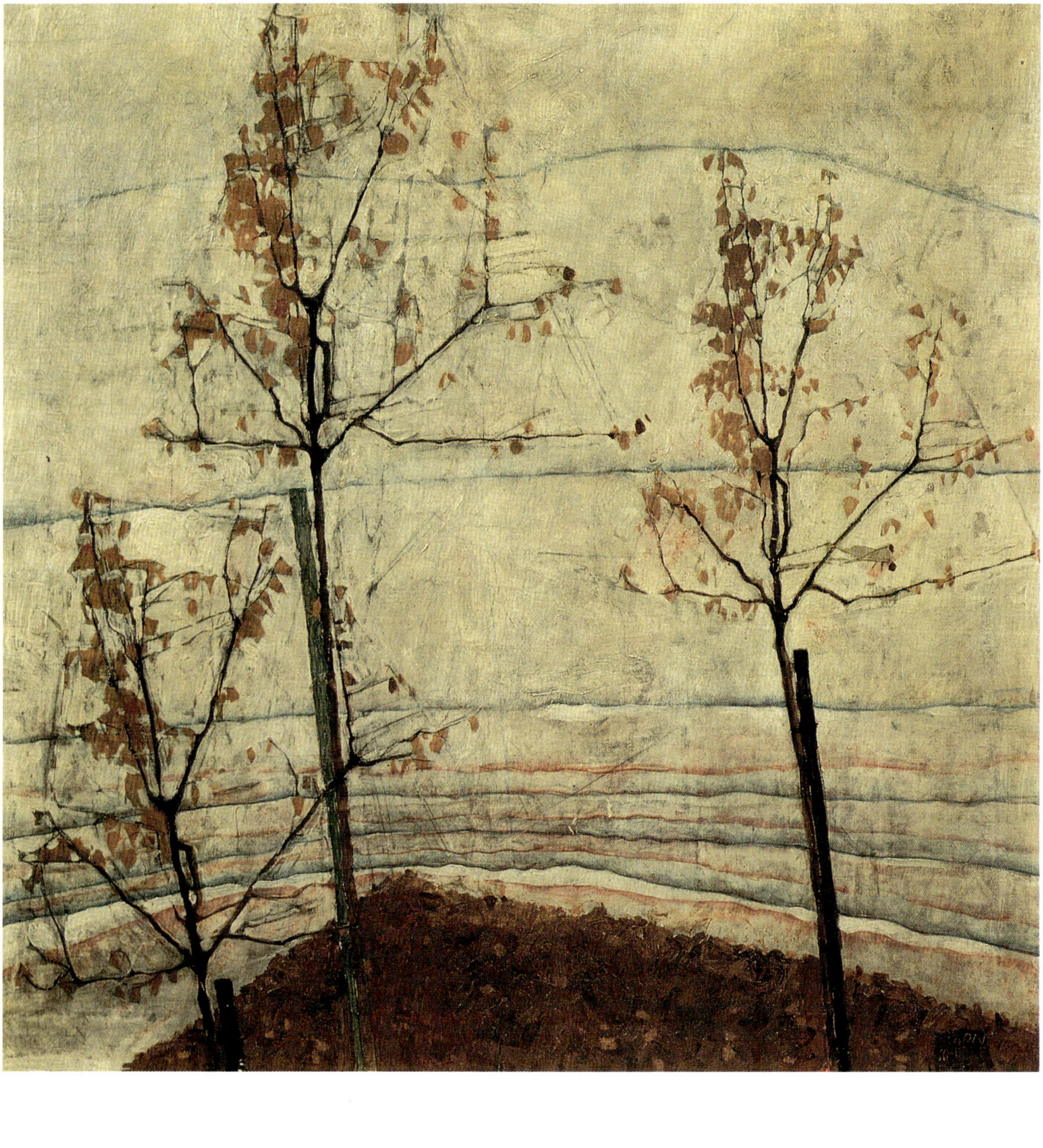

心象風景

エディット・ハルムスとの結婚を終えて数日後、シーレはプラハの部隊に入隊した。エディットも同伴し、彼女の方は最初のうちホテル・パリに滞在した。彼女が一緒にいてくれたおかげでシーレは当然ながらあまり魅力のない兵舎生活にも耐えることができた。とは言え、戦時下のシーレが置かれた状況は最悪なものではなかった。訓練期間が過ぎても前線に送られることもなく、たいていは兵舎の事務室勤務であった。その上、おもにウィーンの近くに駐屯していたので、自分の住まいから通勤できた。そして、根気よく申請を繰り返した末に、1917年にはウィーン勤務となった。1916年の始めまではまだ、警備兵としてウィーンの南のアツガースドルフにいた。その後、春には捕虜のロシア将校の書記として低部オーストリアのミューリングに転属させられた。この年の3月から11月まで、シーレは詳しい日記を付けている。ここにはあまり重要でないことも含まれているものの、ほんの少しだが、彼の身の回りのできごとについての実に生き生きした表現や、その時代状況に関する政治的発言と思われるコメントが書かれている。その中には興味深いものが幾つかあるので、ここに紹介してみる。たとえば、1916年3月12日にはロシア捕虜との雑談後次のように記している。「永遠の自由に対する彼らのあこがれは私と同じ程大きく、国家連合によるひとつのヨーロッパという考えは彼らも気に入ってくれた。」そして4月4日には「どこに住んでいるか、つまりどの国に所属するか、さらに言うと、どの国の下で生活するか、僕にとってどうでもいいことである。でも、彼らと話をすればするほどぼくは向こう側、つまり敵側にもっと心を引かれる。彼らの国はぼくらのよりはるかにおもしろそうだ。そこには本当の自由がある。ここよりもたくさんの思索家がいる。だけど、この戦争はなんと言えばいいんだろう?この時間にも戦争が続いていると思うと残念だ。」と書いている。

このように、シーレは政治や戦争について意見をいうことは非常にまれだった。とは言っても、政治に無関心だったわけではない。それについては政治的に活発なフランツ・プフェムフェルトと彼の雑誌『ディー・アクツィオーン』のために制作したという事実でもわかる。この雑誌には特に、アルベルト・エーレンシュタイン、エルゼ・ラスカー＝シューラー、ハインリッヒ・マン、あるいはフランツ・ヴェルフェルなどが寄稿していた。また、彼はほかの多くの画家や詩人、たとえば、マックス・リーバーマンやオスカー・ココシュカとは違って、戦意高揚の気分に浸りきることができなかった。国粋主義的な考えや空洞化した国民感情にはなじめず、反発さえ感じた。彼にとっての戦争とは「数万の悲惨な死」以外のなにものでもなかった。

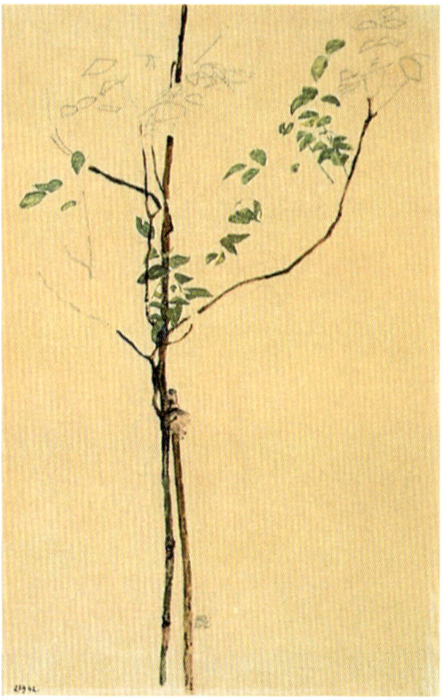

若い果樹、1912年
Junger Obstbaum
グァッシュ、水彩、鉛筆、46.4×29.7cm
Wien, Graphische Sammlung Albertina

秋の木々、1911年
Herbstbäume
油彩、キャンバス、79.5×80cm
Private collection

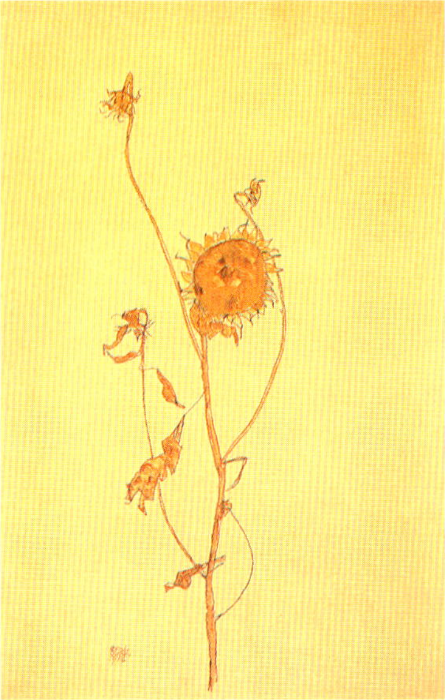

しおれたひまわり、1912年
Welke Sonnenblume
グァッシュ、鉛筆、45×30cm
Private collection

たとえ時折、神秘主義的な気分に陥ることがあるとはいえ、彼の唯心論は命ある自分自身の追求や「個別化」の追求、さらには集産主義への軽蔑、つまり、「軍人、役人、教師、とるにたらぬ人々、職人、聖職者、同調者、国家主義者、愛国者、打算家、平均的な人々、資産家など永遠に画一化された人々」に対する深い軽蔑の念と分かちがたく密接に結びついていた。集産主義についてシーレは1911年のアルトゥール・レスラーに宛てた詩的な手紙のなかですでにこのように切り捨てていた。そして、第一次世界大戦勃発(1914年8月4日)の数か月後の11月には、妹に宛てた手紙に次のように記している。「1914年以前はこれからとは全然違う世界のできごととなろう...」

ここには疑いもなく、芸術家は第二の顔である天賦の才を自由に使えるので、恐ろしい事についての予感を得られるのだという甘い予見者的観念がある。目利きのない一般人はそれが過ぎてしまってからやっと気が付くことができるのだという。しかし、シーレの人生を振り返れば、予見者的情念をたたえた観念や作品の多くが違う印象に見えてくる。それらは、父の死のように、夢のなかで長く彼につきまとった強迫的な幼児体験の結果としてみればよくわかる。詩人シーレを理解するのに鍵となる言葉は首尾一貫して「すべては生きながら死んでいるのだ。」である。そして、この言葉は戦争以前の彼の実存の基本を表すモットーであった。1915年以降、シーレの作品からはあたかも戦争の血なまぐさい現実が恐ろしい幻想を吹き払い、和解とより健全な世界への懇願によって彼の想像力が満たされたとでもいうように、陰うつで苦悩的な感じがなくなった。それはまた、幻想のより簡略化された形や技法的模範が示されている風景画、街を描いた風景画のジャンルでも同じである。

シーレはほかの芸術的な発展と同様、自然あるいは風景の表現についても、最初の習作後は模写をやめ、対象のクリムト的な装飾化という回り道を越えて、植物や物がだんだん擬人的な特性をもつ形態表現にたどり着いた。1913年、コレクターのフランツ・ハウアに宛てた手紙にシーレはタブローだけでなく、素描による下絵も含めた幻想的な自然への方向付けを次のように記している。「私も習作はします。でも自然の単なる模写は私にとって重要ではないと思うのです。なぜなら、私は自然を幻想として記憶のままに描くのですから。特に今、私は山や水、木や花の肉体的な運動の様子を観察しています。どこにでもある、人間の肉体でもおなじみの運動です。植物の中で起こる喜びや苦しみの動きを思い浮かべてください。ただ描くだけでは満足できません。色彩で質感を出すことができます。親密に、心の底から見つめれば、夏のうちに秋めいた木を感じることができるのです。私はこの悲しみを描きたいのです。」ここで述べられた自然へのアプローチの方法はすでに1909年の《ひまわり》(p.81)に見ることができる。ほっそりと高く成長したひまわりは、同時期の人物画と比べるともはや装飾的な線で紡いだ繭にくるまれてはいない。むしろ、孤立してあらわにさらされているように見える。ひまわりが大きな葉っぱを垂れ下げているような表現は人の動作を思わせ、シーレが植物の喜びと苦しみについて語りながら何を意図していたのか、その思いをたどりつつ直接理解させてくれる。極端に縦長のフォルム、その色彩と擬人的な所作言語によってひまわりは哀調をおびた感情を映す鏡像となっている。詩人ゲオルグ・トラークルはシーレのように殉教者セバスティアンを自分の実存の理想像に昇華さ

図版次ページ
ひまわり II、1909年
Sonnenblume II
油彩、キャンバス、150×29.8cm
Wien, Historisches Museum der Stadt Wien

せた(p.93)が、晩年の詩「ひまわり」のなかでこの種の自然体験に非常に近い思いを表現している。「汝、黄金のひまわりよ／その内に死を秘めて／汝、慎ましやかな姉妹よ／そのような静寂のなかで／ヘリアンの年は終わる／山ふところの冷気のなか。くちづけゆえに蒼白に／陶酔した彼の額／かの黄金のひまわりの／憂うつなる花のなかで／精神を規定する／沈黙の暗黒よ。」

このような表現方法が幾つかの絵ではさらに執ようにとられている。そこでは、一本の木、あるいは数本の木が絵の中心となる対象あるいは意味を担うものとなっている(p.78)。灰色に凍り付いた画面に落葉した一本の木、一部は色彩の中に溶け込んでいる異様な枝、そしてその角ばった枝ぶりが動きのモチーフとなり、表現舞踏の恍惚とした身ぶりを思わせる。こんなにも単純で乏しいモチーフにもかかわらず、シーレは悲しみとはかなさのメタファー(暗喩)に成功している。秋ざれた木はシーレの人生および創作のこの段階ではただの枯渇する自然の絵ではなく、それを越えた心の象徴的なイメージなのである。この秋の木々のひとつと、1902年、ウィーンで開催され、大成功をおさめた個展の後オーストリアが買い上げたジョヴァンニ・ゼガンティーニの《悪い母》(1894年、p.84)とを較べると、母の絵のモチーフと関連づけた大胆な解釈ができる。悪い母のテーマはインドの詩のある一節にインスピレーションを与えられたもので、ゼガンティーニは1891年の作品《欲情の地獄》ですでに引用している。涅槃の果てしない空間と母性を拒否した女性の罰と解放を扱ったものである。これらの悪い母は死後、荒れ果て、凍てつく世界を永久に放浪する罰を申し渡されたのである。「5歳で母を亡くし、喜びの少ない幼年時代を継母のもとで過ごしたゼガンティーニにとって、母性なるものへのこだわりは中心的なテーマであった。《悪い母》では前景に女性の姿が浮かんでいる。その長い髪は一本の木の枯れた枝に絡み付いている。風にたたかれて女性の身体は曲がり、そのむき出しの胸には死んだ乳飲み子がすがりついている。」ゼガンティーニの場合、女性は「恐ろしい女性であり、母の愛の否定でわが子を死に追いやる母である。寒い夜空にそそり立つ乱れた枝の木は自然の一部であるにもかかわらず、冷たく、死んだ印象を与える。冬の夜の寒いこの全景は愛を拒否してわが子を死にいたらしめた女性の冷たい感情のメタファーで、倒錯する母性の象徴である。」シーレの秋の木はもちろんゼガンティーニの絵の単なる模倣ではない。しかし、形と色彩の一致点があまりにも多いことから、シーレはゼガンティーニの絵を知っていただけでなく、同じような意味内容を木の心象画に込めようとしたと思われる。なんといっても、この同じ時期に陰うつなムードの母の絵が制作されていたのだから。こうして枯死する木はシーレの精神的状態に最も強く結びついた主観的な感情の鍵となるイメージといえる。

晩年の風景画、たとえば1917年の《4本の木》(p.82/83)で初めて冷たい色彩の多いパレットが「温められた」。ここでは、いわば「死んだ」画面から色彩に輝く風景へと変化し、その調子は激情的ではなく静かな情感に包まれている。それにもかかわらず彼の幻想的な特色は失われていない。それは現実の風景ではなく、「組み立てられた」風景であり、水平および垂直の構図が強調され、シンメトリックで、その偏差に意味が込められている。まだ葉で飾った木々の中で一本だけ落葉した木は「夏のうちに秋めいた木」を喚起し、あの「悲しみ」を思い起こさせる。シーレはこの幻想的な風景と自分の初期の詩とを関連づけた。これは宇宙的な

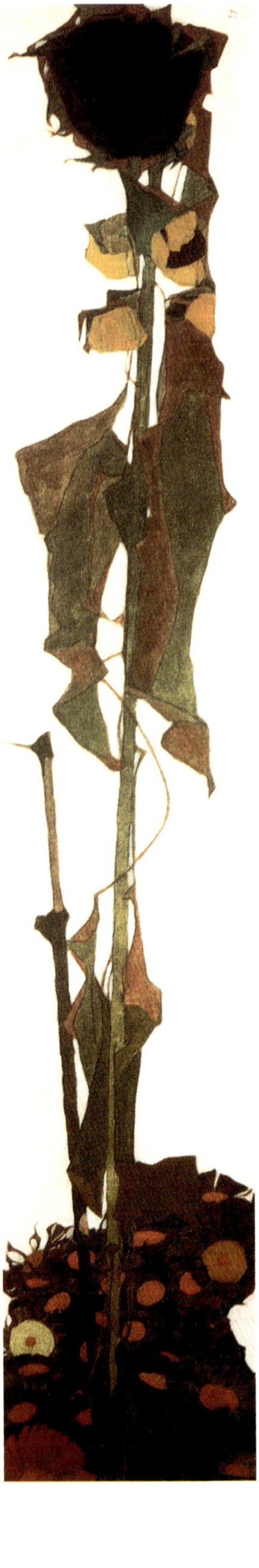

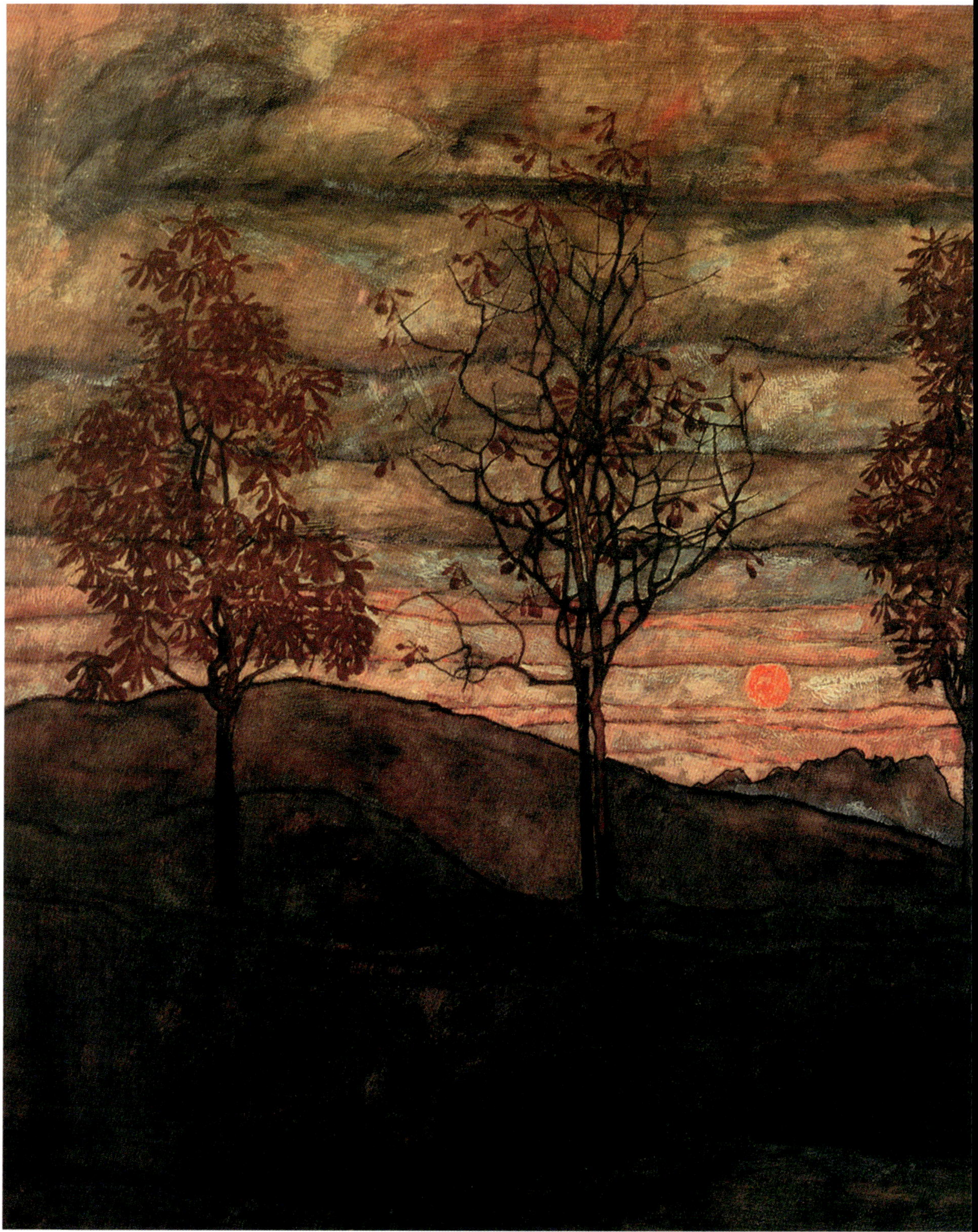

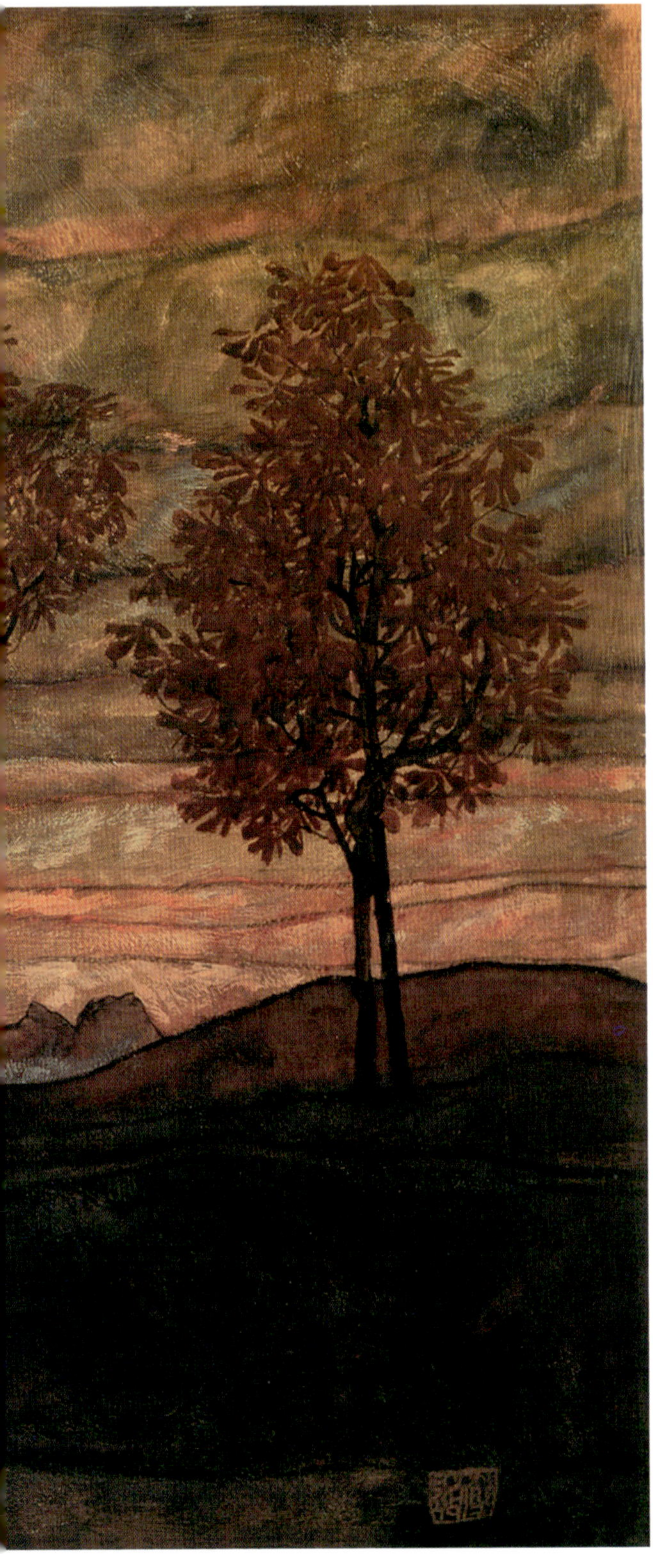

4本の木、1917年
Vier Bäume
油彩、キャンバス、110.5×141cm
Wien, Österreichische Galerie

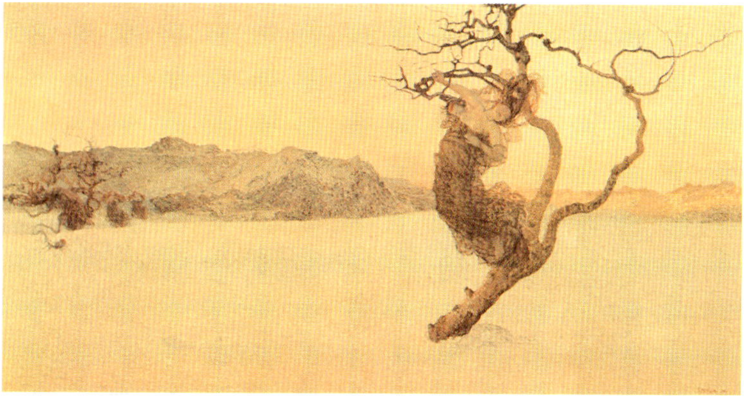

ジョヴァンニ・ゼガンティーニ
悪い母、1894年
油彩、キャンバス、105×200㎝
Wien, Neue Galerie des Kunsthistorischen Museums

情感を言葉で表現したもので、その色彩の調べの共感はゲオルグ・トラークルよりもジャン=アルトゥール・ランボーを思わせる。そのよい例がシーレの詩「太陽」である。

「深紅を味わえ、白く揺れる風の香りをかげ／全きもの、太陽をのぞき込め／黄色く輝く星を眺めよ／おまえがよしとするまで、そしておまえはまぶしさでまぶたを閉じるだろう。／頭脳の世界はおまえの眼窩の中できらめく。／心の指を震わせろ／エレメントに手を触れよ／よろめき渇きながら自分を探さねばならぬおまえよ／跳びながらすわり、走りながら横たわる／横たわりながら夢を見、夢を見ながら成長するのだ。／熱は飢えも渇きも不機嫌も喰い尽くし／血は貫流する。／神よ、あなたはここにいます。私を見守ってください／私を包んでください／私にお与えください!／この世の近くを走り昇り、走り下る、ものすごい速さで。さあ、気高い四肢をお伸ばしください／やさしい耳をお貸しください／澄み切った水色の目も／神よ、かつてあなたはここにいました／あなたの前に私はいます!」

自然表現と同じような変化が自画像でも見られた。そこでは1914年以降幻想性が目だって和らげられ、画家活動の終わり頃は、芸術的手段の完成にもかかわらず、あるいは完成ゆえに、ほとんど牧歌的な見方に変わった。これにはシーレがもともと小さな町や村に対して愛着を持っていることにも関係している。大都会、交通、あるいは運動性が中心的テーマのルードヴィック・マイトナーや未来派、フランスの後期印象派の現代を享受する芸術とは反対に、シーレは依然としていなか育ちの若者のままであった。1911年、レスラーによって発行された「自画像スケッチ」によると、シーレは最初、大都会に対し防御姿勢をとっていた。彼は都会が好きではあったが、特別ということはなく、戦争によって時折ウィーンを離れたり、芸術家として必要な生活空間をあきらめなければならない時もあった。

大都会の形の豊富さや大きさに魅了されることもあったが、自分のふるさとともいえる小さな町の一目で見渡せる世界に繰り返し引き戻された。「私は果てしない、死んだように見える町に行き、わが身を悼んだ」と『自画像』に記している。だから《死の町》(p.90)という同名の2枚の作品が、青春期の作品、特に伝統的な手法で表現されたクロースターノイブルクの風景以後、1910年以降の最初で最も重要な市街風景画といわれるのも不思議ではない。このなかでシーレは個人的

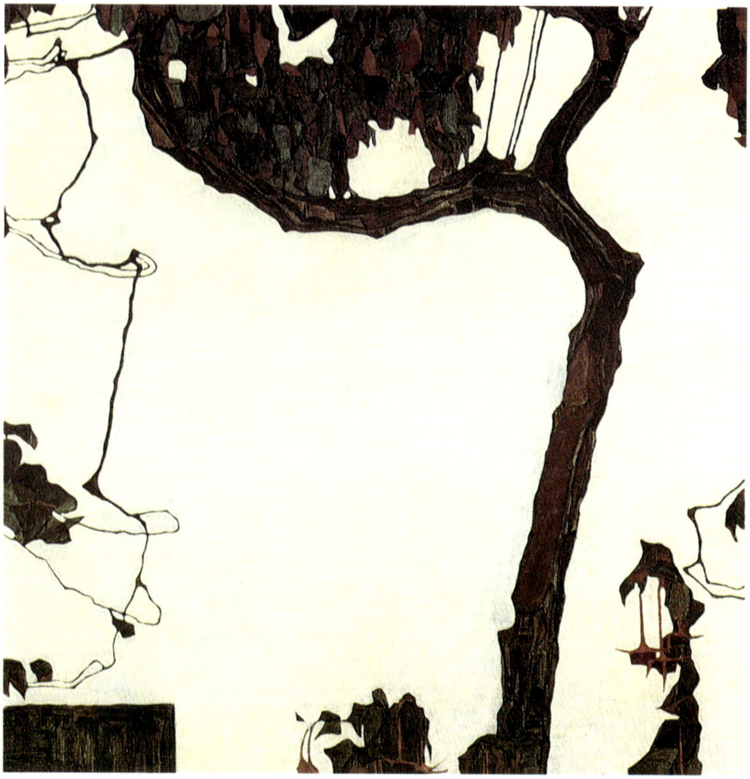

ツリウキソウと秋の木、1909年
Herbstbaum mit Fuchsien
油彩、キャンバス、88.5×88.5cm
Darmstadt, Hessisches Landesmuseum

な経験と世紀末以前に芸術的な形として呈示されたひとつのテーマとを結び付けて表現している。1892年、ベルギーの象徴主義者ジョルジュ・ローデンバックによる長編小説『死都ブリュージュ』が出版された。これは非常に早い時期にドイツ語に翻訳され、作曲家エーリッヒ・ヴォルフガング・コルンゴールドによって『死の町』というタイトルのオペラに改作されたほどである。1898年にはガブリエレ・ダヌンツィオの手で悲劇『死の町』としてパリで初演され、サラ・ベルナールが主役を演じた。中世あるいはルネッサンスの時代に栄えたブリュージュ、トレド、ヴェネチアなどの都市が成熟、最盛、没落といった歴史の生物学的な標石の証人とみなされた。死にゆく町、あるいはいばら姫の眠りの底に沈む町への傾倒のなかに「デカダンス」からトポスになった「没落への愛」が表現された。

人はメランコリックな退廃を見つめ楽しみ、形あるもののはかなさの傷みに魅了される。「ブリュージュは魔法の鏡である。偉大なるものの500年後の姿を映し出す。そして、中世に栄えた都市には筆舌に尽くしがたい美しさがあるのだ。しかし、それはもう見ることはできない。なぜなら、これら権を誇った建物はすべてなんとなく眠り込んでいるか、打ちひしがれているように見えるから。灰色の市壁をツタがはい昇る。それはひとっこ一人いない通りや貧しい人々とは反対に生い茂っている。もうかつての繁栄は見ることはできない、ただ今の苦しみが見えるだけ。大都会の鼓動も聞こえない、ただ死人のあえぎが聞こえるだけ。」

象徴主義者のイマジネーションや上記に引用した美術批評家リヒァルト・ム

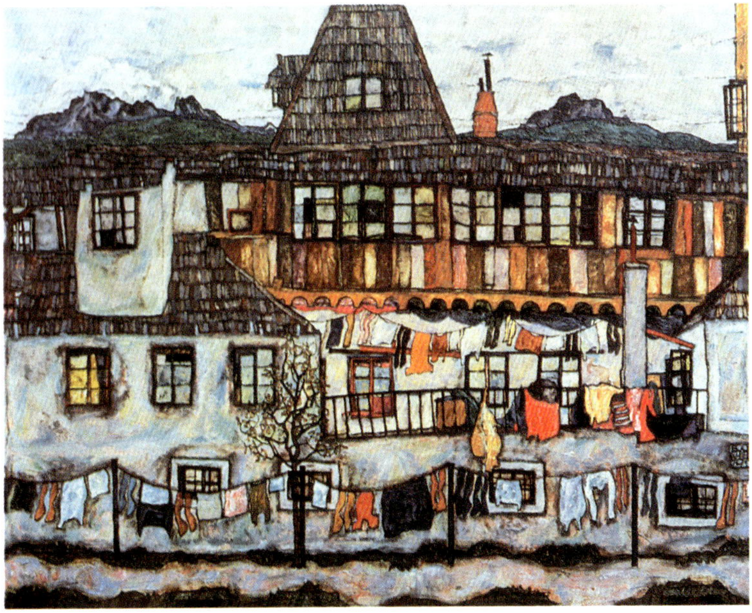

洗濯物の掛かった町はずれの家、1917年
Vorstadthaus mit Wäsche
油彩、キャンバス、110×140.4cm
Private collection

ターとは違って、シーレは町の古さにはたいして興味はなかった。彼の「黒い町」、「死の町」が吐く悲しみは歴史的な没落を見つめ、美化するものではなく、自分の状態を死んだものに映し見る悲しみなのである。1910年の破り捨てられた作品《世界の悲哀》のなかでシーレは、彼に典型的な、頼る者のいない心細さを暗示するしぐさの自画像と死の町の表現を対比させながらはっきりと表現した。死の町や黒い町は彼にとって心の状態の具象化である。それはかりにクルマウ風景が模範として知られているにしても、地勢上の正確さは必要とせず、人も住むことはない。家々の壁、窓、あるいは屋根はそれぞれの顔で表現され、そこの住人(シーレ)は次のように語っている。

「また私は黒い町を見た／それは変わらぬ姿でそこにあった／いつものように出不精の小作人が入っていく／貧しい人々／そんなに貧しくても／さらさら揺れる秋の葉の香りは同じように彼らにも届く。／この冬風の地の秋のなんとすばらしいこと!」

環境描写や地勢的な証明をしないこと、また、家や町の「表情の動き」に集中する描き方は、これらの絵を最終的にはシーレの「反都会的な」体験の幻想的な寓意物語の背景にしている。これらの町には人は住まない、彼らはただ埋葬されるだけである。アルベルト・パリス・ギュンタースローは1911年のエッセーでこのことを初めて認め、鳥瞰図と喝破している。「遠近法的短縮法で上から見おろした町を彼は死の町と名づけた。なぜなら、そう見えたからである。ここで鳥瞰図の隠された意味が自然にわかってくる。題名は描いた絵と同じく思いつきによるものである。(もう一枚は詩人トームの肖像だが、)これら二枚の絵のなかで、そして、大いなる『錯乱状態』の中でシーレはひとつの道を見つけたのだ。それはもともとの発端からははるか離れたところにシーレを導きながら、深夜シーレの心に突然踏

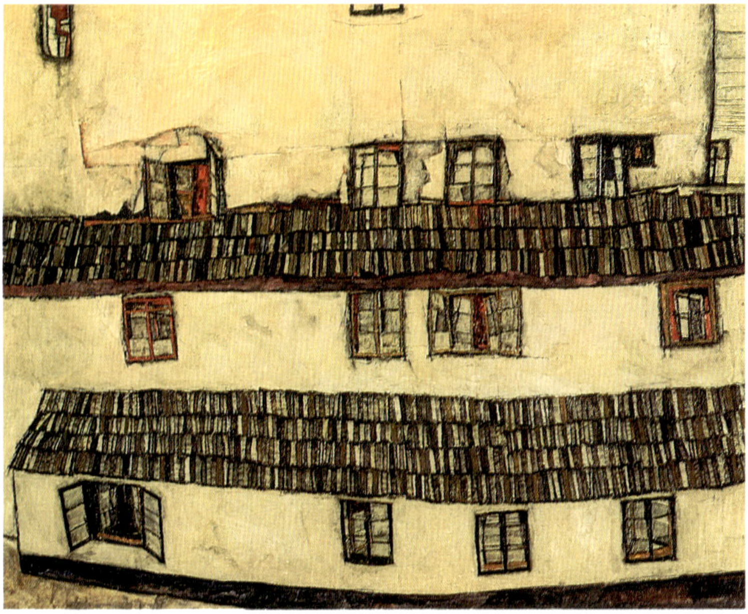

家壁(窓)、*1914*年
Hauswand (Fenster)
油彩、グァッシュ、110×140cm
Wien, Österreichische Galerie

み込む恐ろしい訪問者が長い間見ているうちに、習慣が薄れるように立ち去るところではなく、踏み込むところを描くまで、強くシーレを引き寄せる。」

自ら画家であり作家であったギュンタースローはシーレをよく知っていたし、鳥瞰図はより客観的な概観を得るために、ただ物に距離を置くためのものではないということもわかっていた。内面的な絵、つまり幻想がインスピレーションの源だということも知っていた。物の上から見るだけで、物からあの「深夜の心に突然踏み込む恐ろしい訪問者」が投影されるのである。それでもやはり、ギュンタースローは結婚や戦争など、シーレの見方、表現の仕方に影響を与えた個人的な生活環境の変化が、作品のモティーフを一貫して続いていることを予見することはできなかった。

シーレの最後の十年の半ば以降には象徴的な重苦しさや予見者的深遠さではなく、別の性格が強調された町や家を描いた絵が制作された。

たとえば、1916年にミューリングで描いた《崩れかけた水車小屋》では具象に対する関心が高くなっており、純粋な幻想は影をひそめている。光と影のニュアンスはあまりに正確に認められ、朽ち果てた水車小屋の木部はあまりに綿密にくっきりと色分けして描かれている。山の小川のほとばしる水しぶきはあまりにいきいきと描写され、そのぼかしは日本の浮世絵を思わせる。センチメンタルに、陰うつな暗い色を基調に表現するはかなさや没落はもはやそこにはなく、一層リアルで、モチーフから派生したあるいはモチーフを度外視した物自体の特性が表現されている。別の例、たとえば《クルマウの風景》(1916年、p.88/89)や《洗濯物の掛かった町はずれの家》(1917年、p.86)でほほのぼのとしたふるさとを思うような見方で、物を非常に簡素化して描くことによって絵のように美しい、装飾的な観点が獲得されている。こうしてシーレは以前の、ギュンタースローによって理論的に高く

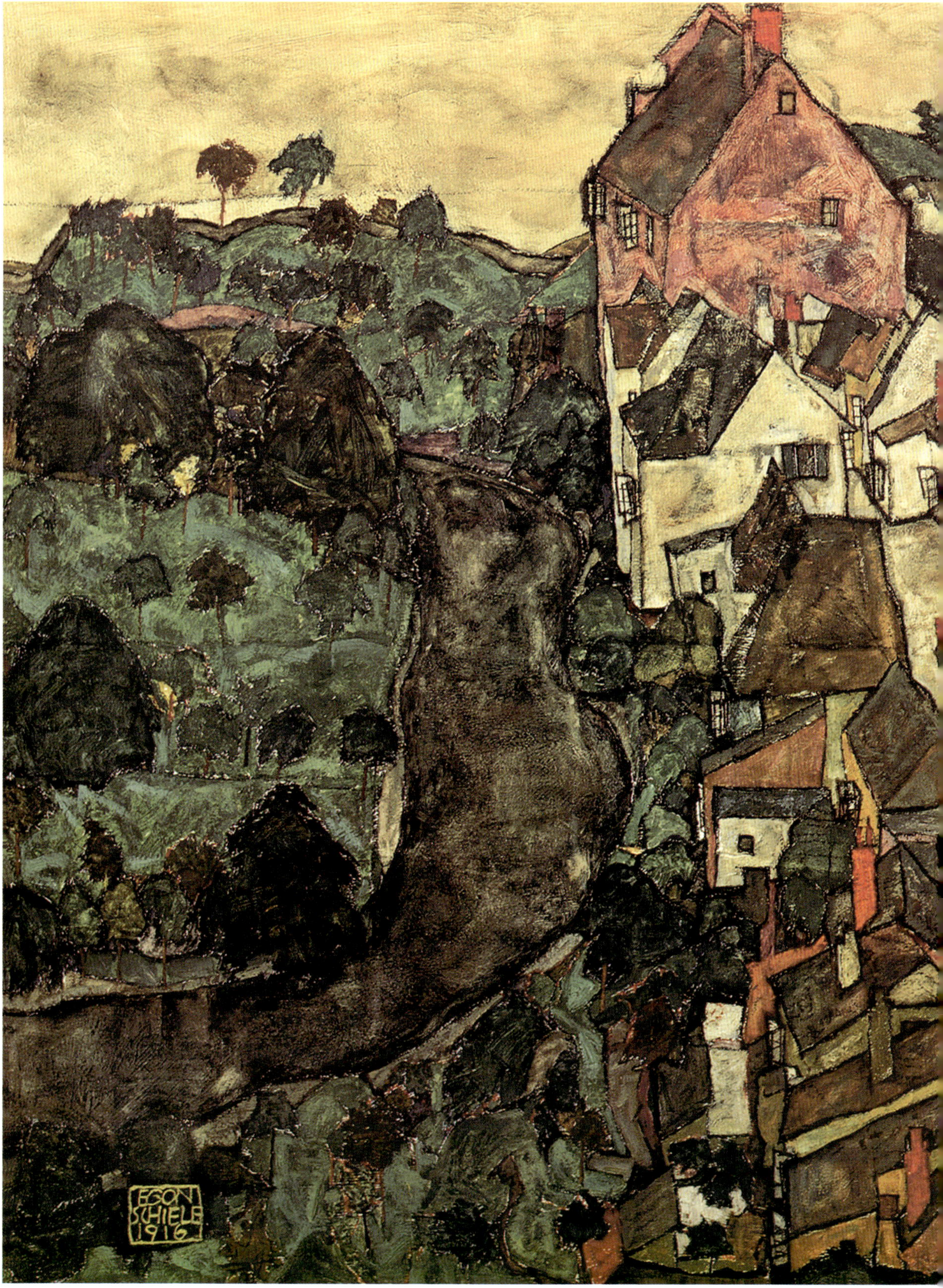
EGON
SCHIELE
1916

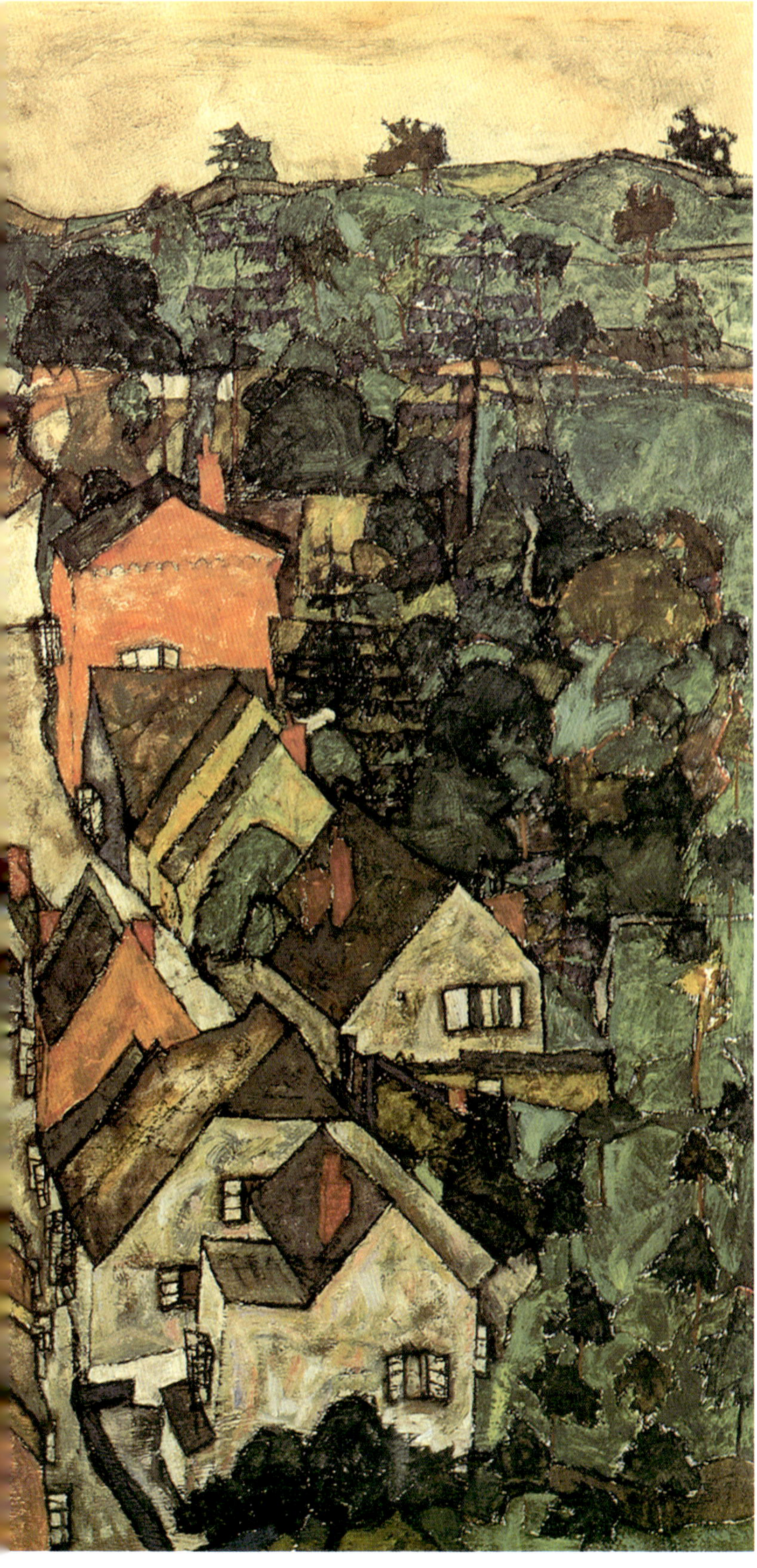

クルマウの風景、1916年
Krumauer Landschaft
油彩、キャンバス、110×140.5cm
Linz, Neue Galerie der Stadt Linz,
Wolfgang-Gurlitt-Museum

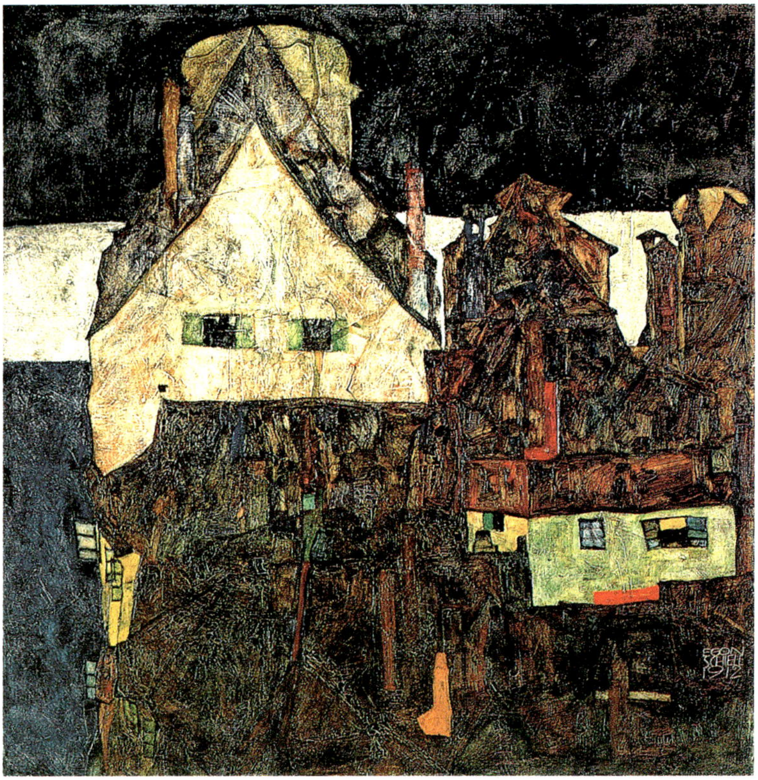

死の町 VI、1912年
Tote Stadt VI
油彩、キャンバス、80×80cm
Zürich, Kunsthaus Zürich

評価された幻想的な町と風景の見方と、美的に和らげられた俯観的印象とを対比してレオポルト・リーグラーとの対談で次のように説明している。「もともとクルマウにいる時、この見方にとりつかれたのです。そこでは世界を上から見おろすことができます。そのような見方が珍しく、俯観の目新しさのなかに油絵や素描にする価値があると思ったのです。」

俯観画法は人物画においては対象を固定化させない効果があり、身体をふらふらと浮かせて、あらわにし、無遠慮なまなざしに無防備にさらけ出す。

これに対して市街図での鳥瞰図法は物を整然とはめ合わせた世界を発見する旅へと誘ってくれる。この世界の「存在の理由」は宙に浮かんでいるのではなく、組み立てられたもので、垂直、水平、斜めの線が強調して示される。線と面の特異なはめ込み、はぎ合わせのなかにシーレの称した油絵や素描にする価値が生まれる。しかし、一方このような絵画には装飾的でほとんど工芸的な質感が生まれ、素描ではイラスト的な仕上がりとなり、雰囲気を感覚的にとらえて表現できるものの、象徴的かつ形式的な要点は著しく緩和される。

別のコンテキストから見ると、内容に関して一見軽視しているようにみえるが、それは(前)意識的な対象の選択によるからである。つまり、軒を寄せあった家々の色とりどりの絨毯のような模様と、それを取り巻く風景とは対比せず、古い街角の線描のようなアラベスク模様と現代の高速道路のスリリングな車跡とは対比しない。すなわち、ファン・ゴッホや印象派の画家たちの多くがテーマにした、文明と自

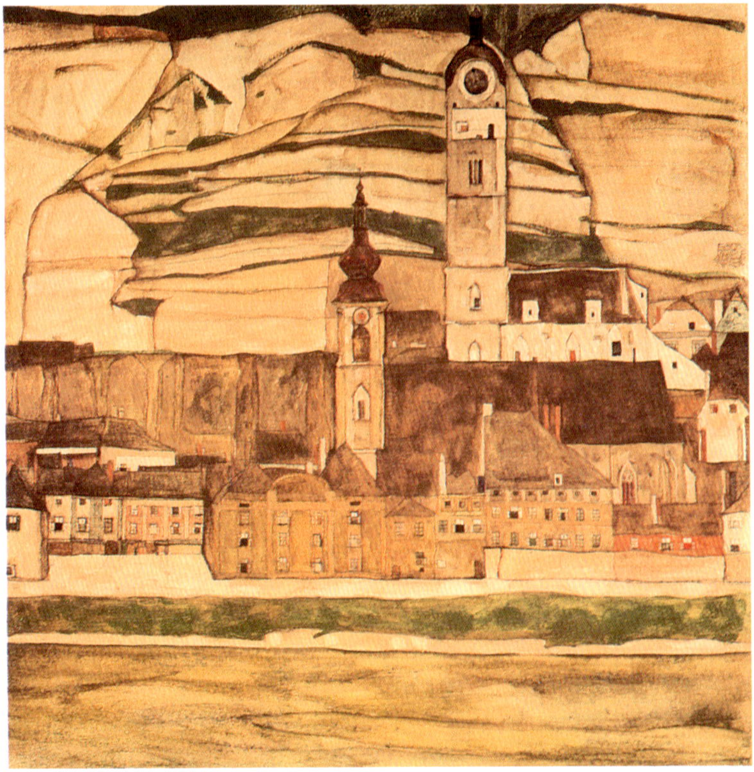

ドナウ川のシュタイン、1913年
Stein an der Donau
油彩、キャンバス、89.8×89.6cm
Private collection

然、あるいは古いものと新しいものとのあのギャップは扱われていない。シーレの風景画や市街図には工業化はなく、騒々しい噴射口も、現代技術の製品もない。この点ゲオルグ・トラークルと似ている。大都会はシーレにとって心象風景とはならなかった。彼には大都会や現代生活、「世界大戦の血なまぐさい恐怖」も、「われわれの文明の物質志向」の宿命的な結果と思えたし、作品のなかでそれらをテーマにしようとは一度も思わなかった。シーレはノスタルジックな心情からではなく、〈ウィーン分離派〉の『ヴェル・サクルム』を直接継承する者として、「気高い文化の残滓」を信じ、それは芸術の貢献なくしては守ることはできない、芸術によって「どんどん進捗する文化の崩壊」を食い止めようと考えた。

芸術によって文化を救おうというこの希望についてシーレは1917年、義弟アントン・ペシュカに宛てた手紙に記している。そのなかで彼は芸術家連盟についてのプランを伝え、空想的なコンセプトを説明している。「クンストハレ(美術館)」と名づけられたこの野心的なプランは戦時下にあっては実現するチャンスはなかった。しかし、シーレのこれについての「アピール」の草案のなかで、見過ごすことができない点は、芸術家としての資質の偽宗教的イメージとともに、非常に実利的かつ散文的な目的も見られることである。最初の頃、芸術は彼にとって、天職であり、孤独な自己の表現にほかならなかったものが、今や、連盟設立といった社会的な関心事になっていった。1916年、『グラーフィッシェ・キュンステ』誌で長大な記事をシーレに捧げたレオポルト・リーグラーの仲介で、シーレは1917年の春、よ

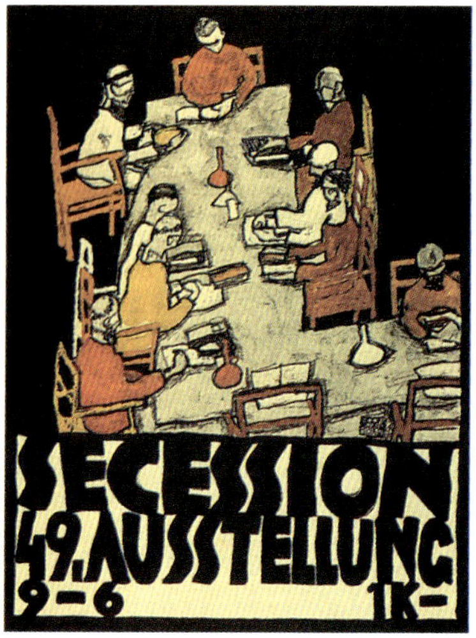

分離派　第49回展覧会（ポスター）、1918年
Secession 49. Ausstellung
リトグラフ、63.5×48cm
Wien, Graphische Sammlung Albertina

聖セバスティアとしての自画像
（ギャラリー・アルノットの展覧会のためのポスター）、
1914/15年
Selbstporträt als heiliger Sebastian
インク、不透明塗料、67×50cm
Wien, Historisches Museum der Stadt Wien

うやくウィーンに転属することができた。こうして、美術界に積極的な影響を与えることができるようになったのである。彼は多数の展覧会に出展し、1917年5月ウィーンで催された「戦時展覧会」の組織委員会に参画したが、ここで最初の社会的に広範な成功を記録することができた。モダン・ギャラリーの支配人であったフランツ・マルティン・ハーバーディッツル博士はまず数点の素描を購入し、その年のうちに大作のエディット・シーレの肖像画までも買い上げた。この買い上げはシーレにとって重大なことだったので、それまでの彩り豊かなエディットのスカートもハーバーディッツルの希望で何のためらいもなく塗りつぶしてしまった。彼の芸術家としての真価が認められたのは、知識層の間で知られた書籍、古本商であるリヒャルト・ランイがシーレの素描と水彩を冊子にしてコロタイプ印刷で出版したことである。

1918年2月6日、グスタフ・クリムトがこの世を去った。一世代もの長きにわたってウィーン芸術界の珠玉であり、そのクリムトを最後までシーレは模範として崇拝した。シーレの側からいうと、この時期にはもう長いことつき合いはなかったものの、クリムトの正当な後継者と自覚していた。ココシュカが出展をみあわせた第49回ウィーン分離派展ではウィーン美術界のリーダーとして参加した。彼は組織の責任者でもあったので、ポスターデザイン（p.92）も担当した。彼の素描や絵画は傑出した印象を与えたので、たとえば『ノイエ・チューリッヒャー・ツァイトング』紙のような国際的なメディアがシーレを讃えた。今や彼は長い間こんなにも待ち望んだ成功の絶頂にあり、芸術家としての自分の地位をかみしめていた。ちょうどそんな時に妻エディットが病に倒れ、数日後には帰らぬ人となったのである。スペイン風邪はシーレまでも襲い、妻の死のわずか3日後、1918年10月31日、エゴン・シーレもこの世を去った。

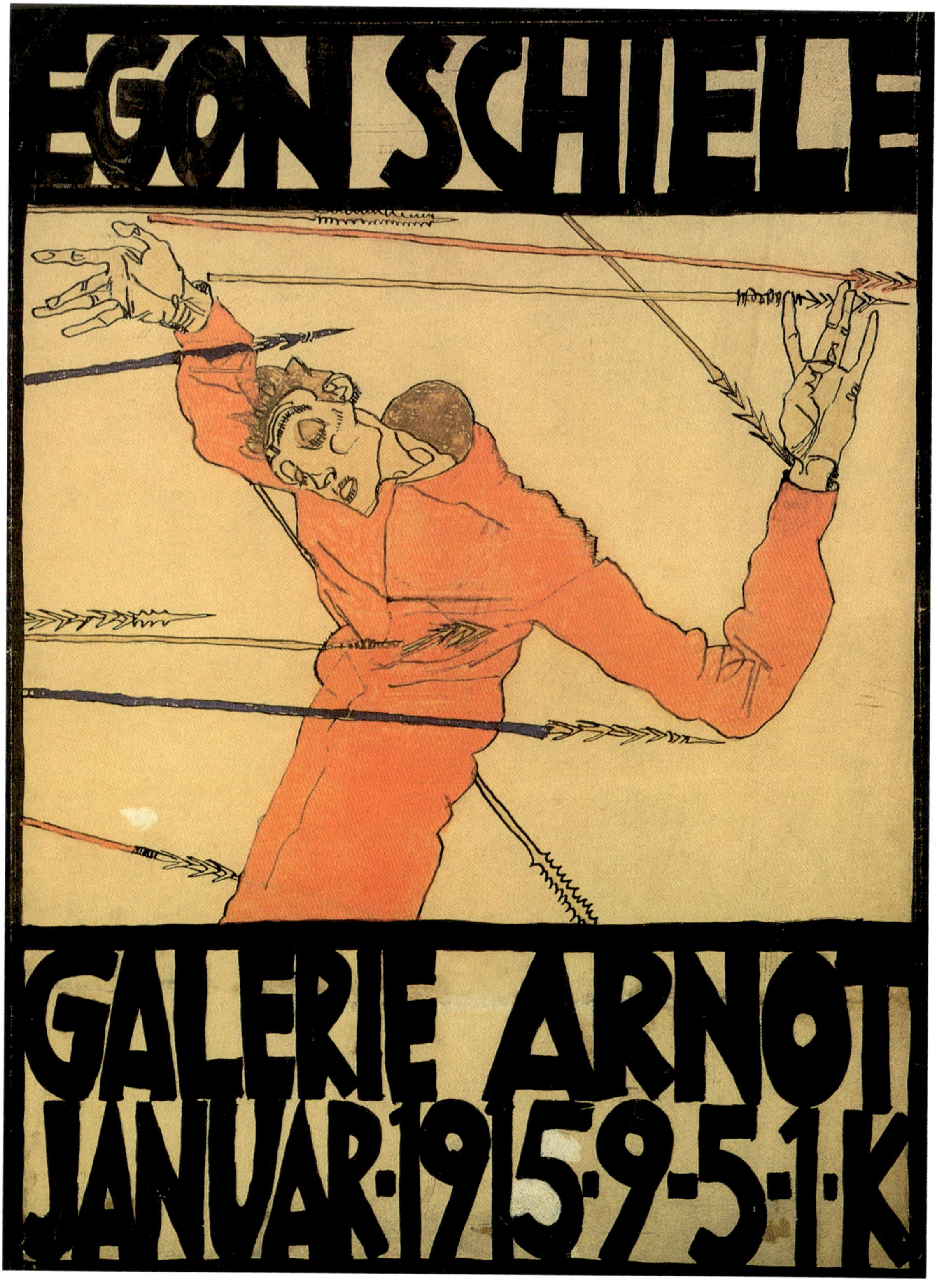
EGON SCHIELE
GALERIE ARNOT
JANUAR·1915·9-5·1·K

エゴン・シーレ　年譜：1890年ー1918年

1890　6月12日、ウィーンに近い小さな町トゥルンにて、オーストリア・ハンガリー帝国国有鉄道運営局幹部職員の父アドルフ・オイゲン・シーレ(1851ー1905)と母マリー、旧姓ズークプ(1862ー1935)の4人中第3番目の子として生まれる。三人の姉妹はエルヴィラ(1883ー1893)、メラニー(1886ー1974)そしてゲルティ(1894ー1981)である。

1896　トゥルンの国民学校入学

1902　クレムスのレアールギムナジウム入学

1902　クロースターノイブルクへ転居、当地のレアールギムナジウムに転校

1905　1月1日、1902年より精神病で退職し年金生活に入っていた父が死去。シーレ、最初の自画像を含め、多数の絵を描いた。

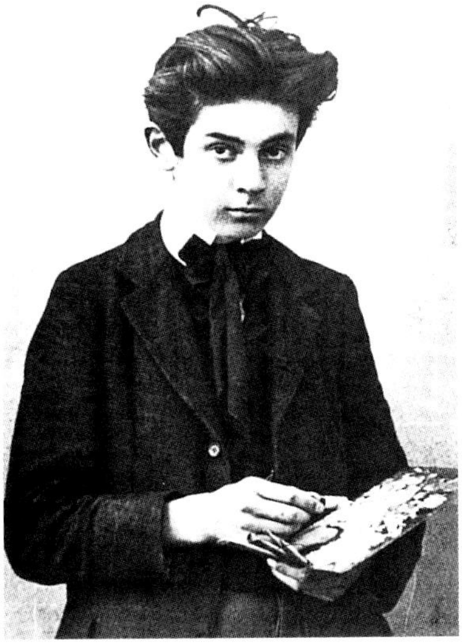

アカデミーの学生の頃のエゴン・シーレ、1906年

エゴン・シーレ(左)、1892年頃、
両親、姉メラニーとエルヴィラとともに

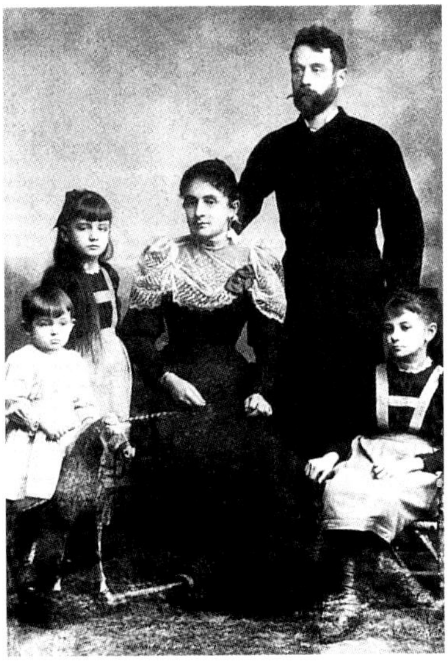

1906　後見人レオポルト・ツィハツェックの希望に逆らってウィーン・アカデミーのクリスチャン・グリーペンケルルの教室に入学。学校でもそうだったように、ここでも中位の成績でしかなかった。

1907　グスタフ・クリムトの様式および〈ウィーン分離派〉の影響を受ける。

1908　クロースターノイブルク尼僧院大理石広間での絵画展に初めて出展

1909　ウィーンの第2回「国際芸術展」参加。アカデミー退校。友人たちと〈新芸術家集団〉を設立。批評家アルトゥール・レスラーを知る。彼の紹介でコレクター、カール・ライニングハウスとオスカー・ライヒェルの知遇を得る。ギャラリー・ピスコで第1回目の〈新芸術家集団〉

エゴン・シーレ自画像、1906年

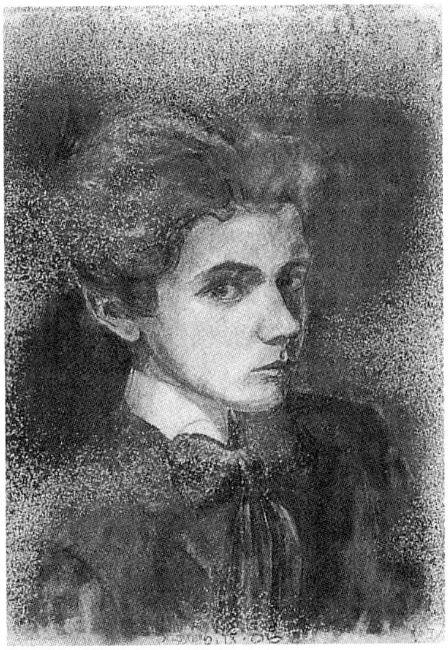

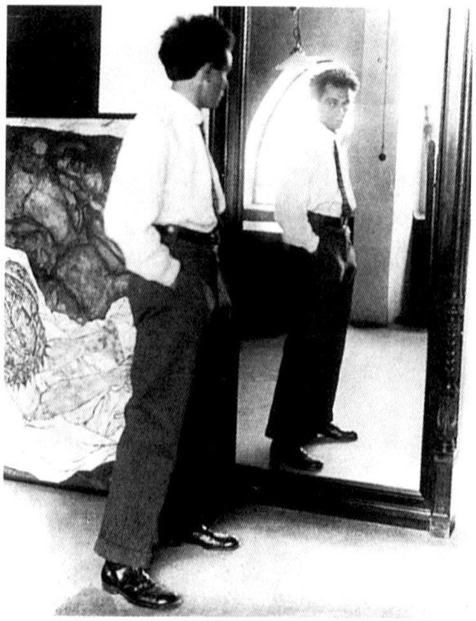

アトリエの鏡の前のエゴン・シーレ、1915年

1910　自分の様式を獲得。エキセントリックな舞台美術家エルヴィン・オーゼンとクルマウでともに制作。多数の表現豊かな裸体画を制作。最初の詩集発行。ハインリッヒ・ベネシュを知る。

1911　モデル、ヴァリー・ノイツィールとの奔放な同棲を理由にクルマウを追われ、ノイレングバッハに落ち着く。ミュンヘンの美術商ハンス・ゴルツと知り合う。ミュンヘンの芸術家連盟〈SEMA〉に入会。アルベルト・P・ギュンタースローおよびアルトゥール・レスラーのエゴン・シーレに関する最初の論文が発表される。

1912　ウィーン、ミュンヘン、ケルンなどで多数の絵画展に出展。4月13日ノイレングバッハで3週間の未決勾留。エロティックな線画を没収された。ザンクト・ペルテンの裁判で不道徳な線画を広めた罪で3日間の拘置刑を言い渡される。「未成年者誘拐」の告発は棄却された。この勾留中に多数の線画を描いたが、それはこの時の状況をよく説明するものである。ウィーンの新しいアトリエに移る。

1913　〈オーストリア芸術家連盟〉加入。ブダペスト、ケルン、ドレスデン、ミュンヘン、パリ、およびローマで開催された多数の絵画展に参加。ベルリンの『ディー・アクツィオーン』誌(発行人:フランツ・プフェムフェルト)での活動開始。

1914　ハルムス姉妹を知る。エッチング技術のレッスンを受ける。「ライニングハウス・コンペティション展」に出展するも落選。ローマ、ブリュッセル、パリの絵画展に参加。一連の肖像写真を撮る。8月、第一時世界大戦勃発。

1915　4年間続いたヴァリー・ノイツィールとの関係を解消。6月17日エディット・ハルムスと結婚。兵士としてまずプラハ、次にウィーンに配属。この後の2年間はほとんど制作できなかった。

1916　多数の美術展に参加。そのなかでも「ウィーン美術展」は特筆。『ディー・アクツィオーン』がシーレ特集号発行。低部オーストリアのミューリングに官房書記として転属。

1917　転属によってウィーンに戻る。旅行。芸術家連盟のプランを練る。書籍商リヒャルト・ランイがシーレの線画12点をまとめてコロタイプ印刷で出版。オーストリアの美術展の多数に出展。

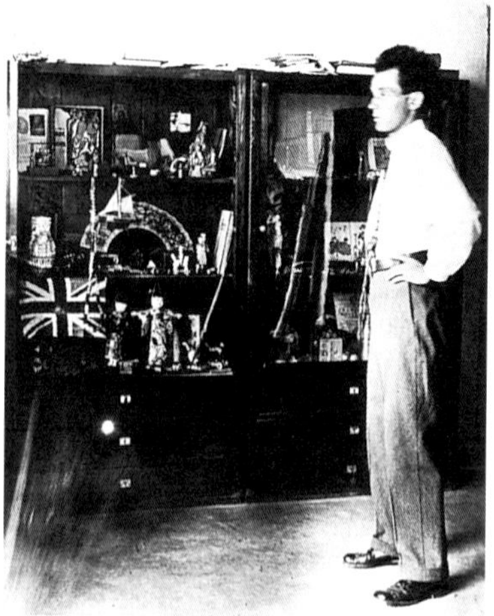

アトリエのエゴン・シーレ、1915年

1918　2月6日グスタフ・クリムト死去。ウィーンの軍事博物館に転属。ポスターデザイン(p.92)も担当した3月の「ウィーン分離派展」に参加、成功を収める。出展した50点のうち過半数が売却された。チューリッヒ、プラハ、ドレスデンの美術展の重要な出展者となる。10月28日妻エディット死去。続いて10月31日エゴン・シーレ死去。二人ともスペイン風邪によるものであった。

アトリエのエゴン・シーレ、1915年

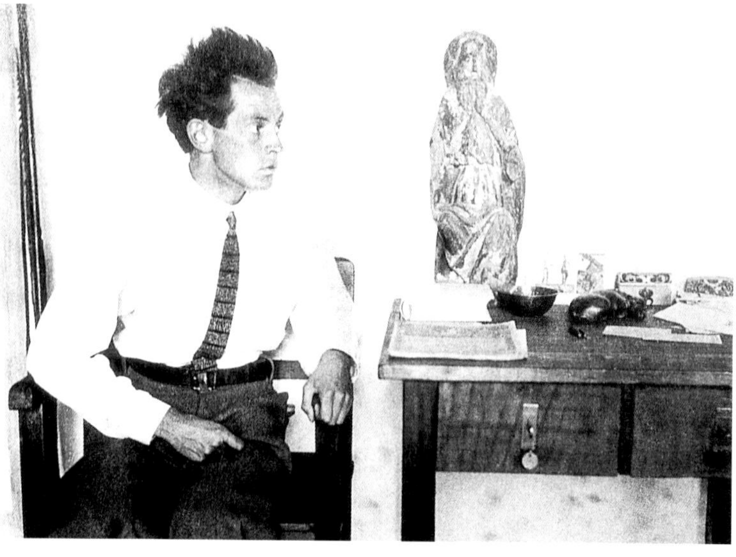

エゴン・シーレ、1914年

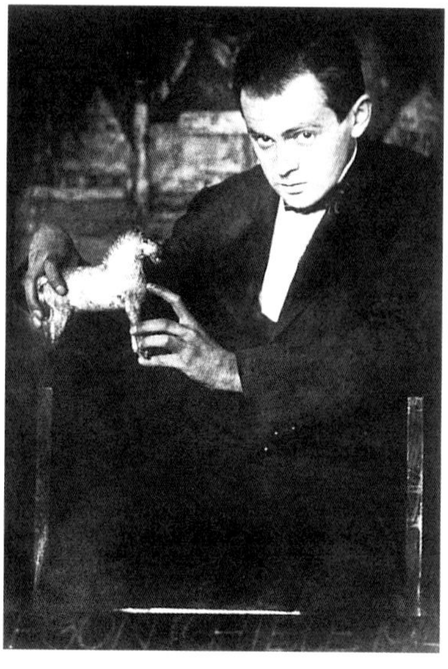

Picture credits

The publishers wish to thank the museums, collectors and archives who gave permission for the use of picture material. Particular thanks are due to Jane Kallir, New York, for her help.

In addition to the institutions named in captions we wish to thank: The Galerie St. Etienne, New York, pp. 8, 10, 12, 23, 24, 27, 32, 33, 34, 44, 49, 56, 59, 63, 70, 80, 86, 91 (by kind permission of the gallery); Graphische Sammlung Albertina, Vienna, pp. 7, 18, 94, 95; Fotostudio Otto, Vienna, pp. 66/67, 71, 76, 77, 82/83, 87; Bildarchiv Alexander Koch, Munich, pp. 13, 69, 72; The Bridgeman Art Library, London, pp.14, 75; Photo: Statens Konstmuseer, Stockholm, p.1; Scala, Florence, p.22; Artothek, Peissenberg, p. 73; © Foto Fürböck, Graz, p.31; Historisches Museum der Stadt Wien, p. 95 bottom left; ©Sotheby's, p. 37; the publisher's archives, pp. 26, 28, 38/39, 46, 50, 88/89